AF724010

# Wolf Raab

## Wo ist ? Harry P.

Fantasy

Verlag Wortspiel Literatur e.V.

1. Auflage

ISBN 978-3-935500-21-0

Alle Rechte beim Herausgeber
© 2014 Verlag Wortspiel Literatur e.V.
Umschlaggestaltung:
Frank W. Kallweit
Fotos: Mihhailov u. Kanea – Fotolia
Gedruckt in Deutschland

INHALT

## 1. Kapitel
## Dunkle Nacht

Es war eine sternenlose, richtig stockfinstere Nacht. Eine seltsam mystische Stille lag auf der ruhenden Stadt im Sauerland. Nur für geübte Ohren war ein leises quietschendes Geräusch zu vernehmen. Anschließend folgten energische, aber in der Lautstärke reduzierte Worte: „So 'n Mist!"

Ein Junge, nicht älter als elf Jahre, schlüpfte aus der Tür des kleinen Reihenhauses am Ende der Walpurgisstraße in die Dunkelheit der Nacht. Das Quietschen der Haustür hatte den Jungen zu der Unmutsäußerung hinreißen lassen, denn es sollte doch niemand der Mitbewohner des Hauses geweckt werden und seinen heimlichen Ausflug bemerken. Ganz still und leise wollte er sich hinausschleichen, der Junge in dem schwarzen Umhang gehüllt und der sonderbaren Narbe auf seiner Stirn. Ja, merkwürdig sah diese Narbe schon aus, wie ein geformter Blitz. So kann doch nur ein Junge aussehen. War er es wirklich? Dieser weltberühmte Junge war hier in der sauerländischen Provinz gestrandet?

Der Junge lief immer weiter die Straße entlang, die Straße in der für ihn fremden Stadt. Vor knapp einem Jahr erst war er hier mit seiner Familie gelandet, mit seinem Vater und seiner Stiefmutter. Sein Vater war ein Banker im dunklen Anzug. Wegen der Karriere seines Vaters

hatte der Junge seine Freunde im fernen Frankfurt zurücklassen müssen. Nun war er allein in dieser Stadt, aber Angst hatte er nicht, denn er war stark, so stark wie ein Wolf.
Die Straßen der Stadt waren in tiefes Schwarz getaucht. In dieser Nacht strahlten die Laternen kein Licht aus. Grund war nicht das ewige Haushaltsloch in der Stadtkasse, wie man vielleicht vermuten könnte. Wer also hatte den Laternen das Licht geraubt?
Ein schrilles Geräusch durchbrach die Stille. War das nicht der Ruf einer Eule? Welcher Stadtbewohner erkannte die Stimme dieses Greifvogels? Der Junge lauschte den Stimmen der Mystik genau. Ob Geheul von Werwölfen, die Stimmen von Nachteulen oder das alles durchdringende Schnaufen der Drachen, der Junge konnte jede dieser Stimmen genau zuordnen. Beim Schnaufen der Drachen war nicht die ebenfalls kraftvolle Stimme seiner Stiefmutter gemeint. Schon den gesamten Tag über waren diese durchdringenden Vogelstimmen in der kleinen Stadt an der Hölle zu hören. Hölle hieß der kleine Fluss, der sich seinen Weg in unvorstellbarer Zeit durch die Kalksteinformationen vor den Toren der Stadt gegraben hatte. An einigen Stellen war er vom Erdboden verschwunden, als wäre das Wasser von der richtigen Hölle verschluckt worden, damit es an anderer Stelle wieder ausgespuckt werden konnte.

Seltsam, Eulenschreie am Tag. In dieser Nacht würden sie in großen Schwärmen über den Häusern und Straßen kreisen, da war sich der Junge sicher.
Der Junge hatte die Walpurgisstraße hinter sich gelassen und erreichte den Vorplatz des kleinen Bahnhofs. Dort mündeten verschiedene Straßen. Der schäbigste Ort des Landes oder die Station zur Unterwelt, so hatte der Vater des Jungen den Platz bezeichnet. Seinen Ausführungen nach war dieser Ort von geistlosen Wesen so zugerichtet worden. Der Vater des Jungen hatte auch einen Begriff für diese Wesen: ‚Politiker‘!
Aus allen Straßen und Gassen strömten Gestalten. Viele waren in bunte Umhänge gehüllt. Einige von ihnen trugen große Hüte, tief ins Gesicht gezogen. Was war geschehen? Wohin strömten diese Menschen? Menschen? Waren diese Gestalten überhaupt Menschen?
Überall in den Städten, in allen Ländern, auf der ganzen Welt würde reges, nächtliches Treiben herrschen. Und der Grund? Ein Zauberlehrling aus England und seine neuen Abenteuer.
Die Kirchturmuhr am Rathausplatz schlug genau Mitternacht, als der Junge umringt von vermummten Gestalten aus der Gasse in die breite Hauptstraße bog, die direkt zu dem Buchladen führte. Eine große Menschentraube versuchte soeben, durch die enge Tür in den Verkaufsraum zu strömen, und drohte, den Eingang zu verstop-

fen. Große und kleine, junge und alte Menschen wollten nur noch das eine - das neue Buch des Zauberlehrlings. Der Junge im schwarzen Umhang und der Blitznarbe auf der Stirn hatte sich geschickt durch die Menge gedrängelt und ein Exemplar der geheimnisvollen Schriften ergattert. Mit großen, schnellen Schritten hatte er anschließend den Laden hinter sich gelassen. Sein Beutestück umklammerte er fest mit beiden Händen. Niemand sollte ihm seinen Schatz wieder abjagen können.

Der Junge hatte Glück, zu Hause hatte niemand seine nächtliche Tour bemerkt. Leise war er die steile Treppe hinauf in sein Zimmer geschlichen, hatte Umhang und die restliche Kleidung abgelegt. Ein Kleidungsstück nach dem anderen warf er schwungvoll über den Stuhl am Schreibtisch. Mit dem zweiten Socken wollte ihm das nicht so recht gelingen. Dieses Wurfgeschoss hatte irgendwie die geplante Flugbahn verlassen und die im angrenzenden Bücherregal stehende Figur, ein blaues Pferd, getroffen. Das hölzerne Tier wackelte einen Moment lang, blieb aber standhaft. Unbeachtet hing der Socken wie ein Wimpel am Regal, denn der Junge war bereits damit beschäftigt, seinen Pyjama überzustreifen. Mit einem Sprung hechtete er auf das Bett, in der rechten Hand sein neu erworbenes Buch. An Schlaf war in den verbleibenden Stunden der Nacht nicht zu denken. Der Junge verschlang Seite für Seite im spärlichen Licht seiner Leselampe. Erst als er im Haus die ersten morgendlichen Geräusche vernommen hatte, löschte er sein Licht. Das Buch schlug er zu und schob es unter seine Bettdecke. Danach schloss er die Augen, um sich schlafend zu stellen.

„Wolf, aufstehen!“, waren die kurzen, aber durchdringenden Worte der schwarzhaarigen Frau, die mit einem Ruck die Zimmertür geöffnet hatte. Einen kleinen Schritt weiter stand sie direkt vor seinem Bett. „Schlafend stellen, das nutzt bei mir gar nichts! Raus aus deiner Kiste!“

„Ich glaub“, an dieser Stelle wurden seine Worte durch einen Hustenanfall unterbrochen. „Ich glaub, ich bin krank“, krächzte Wolf mit leiser, leidender Stimme und blinzelnden Augen.

„Krank?“, bei dieser Frage presste die Frau ihre rechte Hand unsanft auf seine Stirn, sodass sein Kopf tief ins Kissen gedrückt wurde. „Krank“, wiederholte sie, „aber Fieber hast du nicht, noch nicht einmal erhöhte Temperatur. Sofort aufstehen!“ Ihre Stimme wurde schrill. Ihre Augen wurden klein, ihr Blick stechend.

Hexe! Hexe! Das waren Wolfs Gedanken. Einen mindestens genauso stechenden Blick schickte er als Antwort zurück. Hexe! Ja, es gibt auch gute Hexen, gilt aber nicht bei Stiefmüttern. Stiefmütter sind immer böse Hexen. Quatsch, sie hat ja keinen Besen, jedenfalls keinen, auf dem sie reitet. Ohne Besen keine Hexenwesen ...

In diesem Moment betrat sein Vater das Zimmer und durchkreuzte Wolfs Gedanken.
„Angelika, lass den Jungen doch im Bett. Heute ist Samstag und schulfrei. Dann fahren wir halt ohne ihn."
Wolf schluckte. Ja, an diesem Tag würde der Hexenkessel brodeln. Der Pott sollte überkochen! Das große Fußballderby im Revier stand an: Dortmund gegen Schalke. So schwer es auch fiel, der Junge musste seine Rolle weiterspielen, denn gerade vor seiner Stiefmutter wollte er keine Schwäche zeigen. Dabei könnte er ganz leicht sein Gesicht verlieren. Gesicht verlieren? Merkwürdige Gedanken nahmen von Wolf Besitz. Vielleicht würde er sein Gesicht nicht mehr wiederfinden. Was könnte der Junge dann nur machen? Müsste er mit einem Leihgesicht herumlaufen. Er erschrak. Die dicke Frau Lehmann soll doch ein zweites Gesicht haben. Und ich müsste ihr zweites Gesicht ausleihen. Wenn das zweite so aussieht wie das erste, oh je ...

An dieser Stelle wurde er mit einem Ruck aus seinen Gedanken gerissen.
„Wolf, bist du wirklich zu krank, um mit ins Stadion zu kommen?", richtete sein Vater die schmerzliche Frage an den Jungen.
„Ja", röchelte Wolf, der weder seinem Vater noch seiner Stiefmutter bei diesem Wort offen in die Augen blicken konnte.

Einige Zeit später war es sehr still im Haus geworden. Ralf Raab, Wolfs Vater, war ins Westfalenstadion nach Dortmund aufgebrochen. Kurz darauf hatte auch seine Stiefmutter das Haus verlassen, um ein ‚kleines Pläuschchen' mit ihrer Nachbarin zu halten. ‚Kleines Pläuschchen'? Damit bezeichnete sie die endlosen Redeschwalle und Wortfluten über langweilige Belanglosigkeiten.

Aber für Wolf war die Zeit gekommen, gefahrlos die letzten Seiten seines Buches zu verschlingen. Immer weiter wurde er in die Tiefen der Zauberwelt entführt, bis der Junge das Ende der Erzählung erreichte und das Buch aus den Händen auf das Bett gleiten ließ.

Eigentlich hätte der Junge so müde sein müssen, um nur noch in einen Tiefschlaf fallen zu können. Doch Wolf konnte nicht einfach seine Augen schließen, um den fehlenden Schlaf nachzuholen. Gedanken umkreisten ihn wie eine Schar schreiender Krähen.

Gab es nicht auch eine solche mystische Welt ganz in seiner Nähe? Müsste er seine Umgebung nur genau beobachten, einfach Augen und Ohren aufhalten? In der letzten Zeit waren doch einige merkwürdige Ereignisse …

Am Ende besiegte die Müdigkeit den Jungen doch und der Schlaf überdeckte seine Gedanken. Der Rest des Wochenendes verlief im gewohnten Familientrott.

Nur seine Stiefmutter spottete einige Male über die plötzliche Genesung des kranken Jungen, sodass die Peinlichkeit sein Gesicht wiederholt ampelrot färbte. Sein Vater lächelte stumm.

Der folgende Montag ließ auch den Sonntag schnell vergessen. Ehe Wolf sich versah, wurde er bedroht von einer nervtötenden Bestie. Laut singende, kreischende, keifende, brüllende und tobende Jungen und Mädchen umringten ihn vor den noch verschlossenen Toren seiner Schule.

## 2. Kapitel
## Schultage und blaue Pferde

Eigentlich war sein vollständiger Vorname Wolfram. Doch seitdem er sich über Herkunft und Bedeutung seines Namens informiert hatte, wollte er nur noch Wolf gerufen werden. Wolfram, ein alter germanischer Name, bedeutete Stärke und Weisheit, symbolisiert durch die Tiere Wolf und Rabe. Dass Ram für Rabe stand, war nicht mehr leicht zu erkennen, aber schließlich besaß der Junge noch seinen Hausnamen Raab. Wolf liebte schnelle Entschlüsse und vermied allgemein unsinnige Wiederholungen. So war es nur konsequent, dass er sich von jenem Tag an kurz und bündig Wolf Raab nannte.

„Hi, Wölfi“, grüßte von der Seite ein rothaariges Mädchen mit einem breiten Grinsen. Sabine Rot verbreitete immer gute Laune. War es ihr breites Grinsen in dem mit Sommersprossen übersäten Gesicht oder der Blick in ihre südseeblauen Augen, der den Jungen sogar über die Anrede „Wölfi“ wortlos hinwegsehen ließ?

„Wölfi“, so redete ihn seine Stiefmutter an, wenn sie ihn wieder einmal wie einen kleinen dummen Jungen behandelte. Er war aber ein Wolf, so groß und so stark. Seinen Nachnamen Raab, der Rabe symbolisiert die Weisheit, den wollte er sich noch erarbeiten. Neues Wissen sog er auf wie ein trockener Schwamm das Wasser. Bei den Noten war ihm nur ein Schüler eine Nasenlänge voraus, Sabine Rot, das Mädchen mit dem sommersprossigen Gemüt. Sie saß im Klassenraum direkt neben Wolf. Als ‚Streber' wurden sie oft von ihren Klassenkameraden bezeichnet. Vielleicht war es auch der häufige Spott, der sie beide verband und eine Art Seelenverwandtschaft spüren ließ.

Im Mittelpunkt ihres Gespräches an diesem Morgen stand natürlich nur ein Thema, das neue Buch des englischen Zauberlehrlings.

„Glaubst du, diese Welt der Magie gibt es auch in unserer Nähe?", richtete Wolf die seit Samstag in seinen Kopfzerbrechen-Charts auf Platz eins hochgeschnellte Frage an Sabine.

„Klar, und du stehst im Zentrum dieser Welt", antwortete sie spontan, begleitet von ihrem typisch breiten Lächeln.

Ein Scherz? Oder hatte Sabine es wirklich ernst gemeint?

Der laute Schulgong hatte die lärmende Masse von Schülern in Bewegung gesetzt, der Strom der Leiber trennte Wolf von Sabine. Erst im Klassenzimmer saßen sie wieder eng beieinander, sodass Wolf seine Gedanken in Worte kleiden konnte. Doch Sabine bestrafte ihn mit einem stechenden Blick, denn im Klassenraum richtete sie all ihre Energie auf den Unterrichtsstoff. Davon würde sie sich auch nicht von Wolf abbringen lassen.

Dem Jungen fehlte es an der nötigen Konzentration.

„Wolf, hallo, das Wochenende ist vorbei! Hast du meine Frage nicht gehört?“
Wolf hatte die Frage seines Lehrers nicht vernommen, rot verfärbte sich sein Gesicht und sein Mund blieb stumm. Sabine blickte ihn ungläubig an, so hatte sie Wolf noch nie erlebt. Niemals zuvor war ihm eine solche Peinlichkeit passiert. Einige Schüler prusteten vor Schadenfreude. Das zweite Mal an diesem Tag erwischt und doch schweiften seine Gedanken wieder ab.
Irgendwie hatte Wolf den Schultag überstanden, hatte allein und wortlos den Heimweg angetreten. Schweigend löffelte er den Teller Linseneintopf am heimischen Küchentisch ungewohnt langsam. Seine Stiefmutter konnte den Anblick nicht lange unkommentiert lassen.
„Wölfi, bist du doch krank? Oder … Liebeskummer?“
Ein Grinsen seiner Stiefmutter folgte.
Dieser Tropfen ließ das volle Fass überlaufen. Wolf verließ schweigend den Raum und verschwand in seinem Zimmer. Die Tür hatte er hinter sich verschlossen. Den Schlüssel drehte er einmal im Schloss herum.
Nun war er in seiner Welt, für sich allein. Seine Gedanken wanderten.
Merkwürdige Ereignisse aus der Vergangenheit ragten wie Berge aus einer Landschaft. Musste er die Vorfälle nicht in einem ganz neuen Licht betrachten?

Es lag schon einige Monate zurück, der nette Referendar Herr Töpfer hatte etwas über Röntgenstrahlen erzählt.
„Diese Strahlen können den menschlichen Körper einfach durchdringen und so etwa Knochenbrüche sichtbar machen“, hatte der Lehrer seinen staunenden Schülern berichtet. Mit einem kurzen Film wurden seine Ausführungen gekrönt. „Das Prinzip ist eigentlich ganz einfach“, hatte Töpfer am Ende ergänzt, „hätte ich auch erfinden können. Nur dann würdet ihr beim Arzt nicht geröntgt, sondern getöpfert werden.“
Diese Bemerkung war nicht ohne Wirkung geblieben. Lautes Lachen hatte den Klassenraum erfüllt.
„Superman hat doch einen Röntgenblick! Wäre doch toll, wenn wir ...“, hatte der dicke Swen laut eingeworfen.
Genau dieser Gedanke war von Wolf aufgenommen und etwas weitergesponnen worden. Ohne etwas aktiv zu unternehmen, hatte er plötzlich seine Mitschüler als lebende Skelette vor Augen. Das Lachen war abrupt verstummt. Das Skelett von Herrn Töpfer war aufgeregt von einem auf das andere Bein gesprungen.
„Ich glaub, ich bin verrückt!“, hatte es laut aus dem geöffneten Kiefer getönt.
„Verrückt“, in Wolfs Gedanken hatte sich dieses eine Wort festgesetzt. Wie von Geisterhand war dann das Skelett von Lehrer Töpfer von der rech-

ten in die linke Ecke des Klassenraums geschoben worden, es war ‚verrückt' worden. Völlig verrückt!
Einige Minuten später war der Spuk im Klassenzimmer vorbei gewesen. Der Unterricht war fortgeführt worden, als wäre nichts geschehen. Zu Hause hatte der Junge seiner Stiefmutter von den unglaublichen Erlebnissen erzählt.
„Wolf, Fantasie hast du ja. Um zu träumen, ist es aber noch etwas früh am Tag", hatte sie den Jungen zurechtgewiesen.

Wenige Wochen zuvor war der dicke Swen während des laufenden Schuljahres neu in Wolfs Klasse gekommen. In seiner vorlauten Art hatte Swen erklärt, er sei von der Schule geflogen und nun hier gelandet.
Fliegen, ein Traum von Wolf, nein, nicht von der Schule, nein, richtig abheben, durch die Lüfte düsen, die Erde als kleinen Ball zurücklassen.
Wolf lag auf seinem Bett, versuchte sich verschiedene Formen des Fliegens vorzustellen, verwarf sofort die all zu normalen Arten wie etwa das Reisen mit dem Flugzeug. Der Blick wanderte dabei suchend durch sein Zimmer und stoppte im Regal bei einem kleinen blauen Holzpferd, einem Andenken an die zahlreichen Ferien in Dänemark. Das hölzerne Tier stand stets am selben Platz, gut sichtbar, trotzdem war es fast in Vergessenheit geraten.

Blöde Gedanken! Wieso schaue ich mir jetzt ein Holzpferd an? Ich will fliegen! Ja, kramte der Junge intensiver in seinen Gedanken, es gibt doch auch fliegende Pferde. Stimmt, erinnerte sich Wolf, Pegasus, das Pferd aus den griechischen Sagen, das konnte fliegen. Doch Pegasus brauchte zwei weite Schwingen, um vom Boden abheben zu können. Mein blaues Pferd hat keinen einzigen Flügel. Seine Gedanken waren noch bei fliegenden Pferden, als seltsame Geräusche an sein Ohr drangen. Erst war es nur ein leises Brummen. Näher kommend wurde schnell ein Trommeln daraus. Wolf sprang von seinem Bett auf. Zwei Schritte und einen Handgriff benötigte er, dann stand der Junge vor dem geöffneten Fenster. Sein Blick suchte den abendlichen Himmel ab. Der Geräuschpegel stieg an. Immer deutlicher wurde ein schlagender Takt vernehmbar. Mit aller Anstrengung suchten Wolfs Augen die Dunkelheit ab. Ein Gegenstand stürzte mit hoher Geschwindigkeit aus dem Himmel seinem Zimmerfenster entgegen. Größer und größer wurden die Umrisse. Immer schneller, es kam schon bedrohlich nah, doch Wolf schien zu keiner Regung in der Lage. Wie eine Maus, die in die Augen einer Schlange schaut, blickte er bewegungslos dem fliegenden Körper entgegen. Sah Wolf nicht die drohende Gefahr? Gleich schon würde die volle Wucht der Kollision den Jungen zu Boden werfen.

Doch wie von Geisterhand wurde Wolf gezogen. In letzter Sekunde rettete ihn ein Sprung zur Seite. Durch das geöffnete Fenster schoss, ja, der Junge konnte es kaum glauben, ein kleines, gedrungenes Pferd im vollen Galopp. Mit einem kurzen Ruck setzte es auf dem Teppich auf. Anschließend scharrte es vor dem Bett stehend mit dem rechten Vorderhuf, den Kopf wild auf und ab bewegend. Diesem Takt folgte die zottelige Mähne. Das Fell des kleinen Pferdes leuchtete blau, himmelblau, so blau wie der Himmel über Südspanien. Nur mit seinem Schlafanzug bekleidet hatte Wolf sich auf den Rücken des Tieres gesetzt. Er spürte keine Angst, hatte keinen Gedanken des Zweifels. Kaum saß der Junge, begann schon der wilde Galopp. Nur mit sehr viel Mühe gelang es ihm, nicht vom Pferd zu rutschen. Fest griffen beide Hände die zottelige Mähne. Pferd und Junge ließen schnell das kleine Zimmer zurück. Gemeinsam rasten sie durch die nächtliche Luft. Der Wind blähte Wolfs Schlafanzug auf. Der Stoff flatterte laut wie eine Flagge im Sturm. Aus den Lichtern der Stadt wurden Punkte so klein wie Glühwürmchen, bis auch die Glühwürmchen von der Dunkelheit verschluckt wurden. Die Geschwindigkeit ließ den Puls des Jungen schneller schlagen. Gemeinsam stiegen Pferd und Junge immer höher, bis der Wendepunkt erreicht wurde, an dem sie vom Steigflug in den Sturzflug wechselten. Immer rasanter wurde die

Reise der Erde entgegen. Die leuchtenden Punkte schienen Wolf entgegen zu schießen. Erste schemenhafte Konturen von Gebäuden grenzten sich von der schwarzen Nacht ab. Mit unverminderter Geschwindigkeit stürzte das kleine Pferd mit seinem Reiter einer Hauswand entgegen. Wolf hatte seine Augen fest zusammengekniffen. Mit beiden Händen krallte er sich ängstlich in der Pferdemähne fest. Ein kurzer, leichter Ruck hatte den Jungen fast abgeworfen. Wolf spürte keinen Windzug mehr. Vorsichtig und neugierig öffnete der Junge seine Augen. Einen Aufprall oder Zusammenstoß hatte er nicht bemerkt. Durch schmale Sehschlitze seiner Augenlider versuchte er, Ort und Situation zu erfassen. Was würde er sehen? Er befand sich mitten in seinem Zimmer direkt vor dem Bett. Es war ganz einfach das Ende seines Ausritts, nein, treffender beschrieben, das Ende des Ausflugs.

Vom Pferderücken ließ er sich direkt in sein Bett gleiten. Wie zum Abschied neigte das Pferd seinen Kopf und war im nächsten Augenblick verschwunden. Ein kurzer Blick ins Regal, ja, das kleine blaue Pferd stand an seinem Platz. Bald schon schloss die Müdigkeit Wolfs Augen. Doch die Träume ließen ihn weiter durch die Lüfte fliegen. An so manchen der folgenden Tage blickte er sehnsuchtsvoll hin zu seinem Pferd. Nur ein Blick, schon stand es lebendig und wild vor ihm,

bereit zum nächsten Flug durch die Weiten des Himmels abzuheben.
Das blaue Pferd nannte der Junge Kleblatt, Kleeblatt mit nur einem e, kle wie klein, bla wie blau und tt wie Audi TT. Kleblatt stand für klein, blau und turboschnell. Genau so war sein neuer Freund.

Über die Erlebnisse und Begegnungen mit seinem zotteligen Freund hatte Wolf niemandem berichtet. Wer würde ihm auch schon glauben?
Es waren noch viele kleine Merkwürdigkeiten, die er aus den Mosaiksteinchen seiner Erinnerungen hätte wieder zu einem Bild zusammensetzen können, aber ein ganz besonderer Vorfall drängte sich in den Vordergrund. Es war erst vor einigen Tagen gewesen. Wolf hatte morgens gerade den Schulhof erreicht. Sabines roten Schopf hatten die Augen des Jungen in einer weit entfernten Ecke des Hofes entdeckt. Seine Freundin war von älteren Schülern umringt worden, die das Mädchen brutal wie eine Billardkugel hin und her stießen. Wolf war in diesem Augenblick nur von einem Gedanken beherrscht worden: Ich muss Sabine helfen. Dies war aber leichter gedacht als getan. Der Weg durch die Schülermassen war ziemlich beschwerlich gewesen, ein Schubsen und Stoßen. Der Junge hatte zahlreiche Knuffe gespürt. Trotz der größten Kraftanstrengung schien er keinen Meter Boden zu gewinnen. Ab und zu hatte der

rote Schopf seiner Freundin in der Ferne geblinkt, ein Leuchtturm im tobenden Schülermeer. Aufgeregte Schreie hatte der Junge deutlich vernehmen, jedoch bei dem lauten Getöse nicht zuordnen können. Sein entschlossener Wille war dann doch belohnt worden. Er hatte sich schließlich bis zu seiner Freundin durchgekämpft. Aber was war geschehen? Der Junge hatte seinen Augen nicht trauen können. Sabine hatte vor ihm gestanden, als wäre nichts geschehen. Die älteren Schüler waren alle verschwunden.
„Wo sind sie hin? Was ist passiert?“, hatte Wolf Sabine entgegen geschnauft, da die Anstrengung ihm fast den letzten Atem genommen hatte.
„Guten Morgen, Wölfi!“, hatte Sabine ihm fröhlich entgegnet.
Das Wolf wohlbekannte breite Grinsen zwischen all den Sommersprossen war das Rahmenprogramm von Sabines kurzer Erklärung gewesen: „Ich habe sie einfach zur Hölle gewünscht!“
Ein breites Grinsen hatte ihre Erläuterung beendet.
Und das sollte die Erklärung sein? Wolf hatte nicht so recht gewusst, was er mit diesen Worten anfangen sollte. Nur wenige Minuten später hatten diese älteren Jungen wieder neben ihnen gestanden.
„Komm, lass uns von hier verschwinden!“, bei diesen Worten hatte Wolf energisch an Sabines Jackenärmel gezupft.

Doch Sabine war hartnäckig stehen geblieben: „Die tun uns nichts! Die haben ihre Lektion gelernt!“
Wolf hatte in die bleichen Gesichter der Jungen geschaut. Stumm, einfach wortlos, hatten sie dort gestanden, ihre Blicke ängstlich auf den Boden gerichtet. Und irgendwie hatte es da auch stark nach Schwefel gerochen.

## 3. Kapitel
## Verhexte Zeiten

Die Erinnerungen an die Vorfälle der letzten Tage stimmten den Jungen nachdenklich.
Doch Wolf verließ diese Gedankenwelt, um auf seine Armbanduhr zu schauen. Auf dem Zifferblatt umkreisten schwarze Raben einen Kirchturm, genauer gesagt, den mächtigen Kirchturm im Zentrum der sauerländischen Stadt, in der Wolf seit fast einem Jahr wohnte. Schon fast 20.00 Uhr, kein Wunder, dass sein Magen vor Hunger rebellierte. Er öffnete seine Zimmertür, folgte der Treppe nach unten und stand direkt im Türbogen zum Wohnzimmer. Die Tür war wie fast immer weit geöffnet. Wolfs Vater saß in der Sofaecke. Er zappte durch die Fernsehprogramme auf und ab. Die wechselnden Fernsehgeräusche wurden nur von der Stimme seiner Stiefmutter übertönt: „Kannst du dich denn nicht einmal für einen Sender entscheiden? Dieses ewige Herumgezappe nervt total!"
Wolfs Vater schien ebenfalls gestresst, als er erwiderte: „Dafür zahlen wir Gebühren. Die Programme werden immer brutaler. Die Serien zeigen nur noch Blut, Mord und Totschlag. Die Nachrichten berichten nur noch von Katastrophen."
Wie zur Bestätigung zappte er noch einmal langsam durch die Sender.

„Schau doch. Hier läuft der Film ‚Angriff der Killerspinnen'."
Ein Tastendruck weiter.
„Auf STV schaust du dem ‚Biest vom Wörthersee' direkt in die Augen."
Wieder wechselten Ton und Bild.
„Es ist doch nicht zu glauben!"
Auf dem Bildschirm war nur ein Pulk prügelnder Menschen zu sehen.
„Mordsstimmung bei den Dschungelcampern. Alles gibt's natürlich live. Es kann doch wirklich nicht wahr sein."
Nach ‚Operation am offenen Herzen' hatte er endlich eine Kochsendung gefunden.
„Warum trägt denn bei ‚Die Sterneküche' der Gast diese seltsame schwarze Maske mit dem Sehschlitz?", warf Angie ein.
Angie, so wurde Wolfs Stiefmutter von seinem Vater genannt. Eigentlich hieß sie Angelika. Diesen Namen benutzte auch Wolf, denn er vermied es, sie mit Mutter oder Mama anzureden, auch Angie erschien dem Jungen wenig passend.

Der Maskierte auf dem Bildschirm schwang ein riesiges Beil begleitet von seiner tiefen Stimme: „Es gibt heute frische Nierchen und junge Herzchen." Ein lautes donnerndes Lachen folgte. „Das Ganze nenne ich ‚Die Henkersmahlzeit'."
Wieder folgte ein lautes Lachen, das jedoch abrupt endete.

Wolfs Vater hatte den Fernseher ausgeschaltet. Er kommentierte seine Aktion mit den Worten:
„Wo sind denn all die schönen Dinge geblieben? Ist denn die Welt mit einem bösen Fluch belegt?"

Die letzten Worte waren noch nicht ganz verklungen, da hatte Wolf seinen Standort bereits wieder verlassen, um sich in sein Zimmer zurückzuziehen. Wobei er jedoch nicht den direkten Weg wählte, sondern einen Boxenstopp in der Küche einlegte. Zwei dick belegte Brote und eine Flasche Wasser begleiteten ihn zurück in seine Stube, wo er wiederum in seine Gedankenwelt eintauchte. Später am Abend schaute sein Vater einmal kurz durch die halb geöffnete Tür in das Zimmer des Jungen. Seinen Besuch verband er mit den Fragen, ob Wolf denn keinen Hunger habe und ob er wisse, dass es Zeit sei, ins Bett zu gehen. Eine müde, nicht definierbare Kopfbewegung reichte als Antwort.
Was Wolf am nächsten Morgen etwas positiver stimmte, war der Gedanke daran, dass ihn nur ein Schultag von den Ferien trennen würde, ein einziger Tag. Dieser Tag verging wie im Fluge. Sabine benahm sich jedoch äußerst merkwürdig.
„Endlich Ferien! Wann können wir uns treffen?", richtete Wolf die Frage an Sabine. Denn gerade in den Ferien verbrachten die beiden üblicherweise viel Zeit gemeinsam. Doch diesmal wurde Wolf etwas unsanft zurückgewiesen.

„Ich werde ziemlich wenig Zeit haben. Aber wir werden uns schon sehen ... Ach ja, schöne Ferien!“, waren Sabines Abschiedsworte. Mit diesen Worten und ihrem typisch breiten Grinsen verließ sie den Schulhof.
Wolf blieb enttäuscht mit einem fragenden Blick zurück. Was hatte das zu bedeuten? Hätte sie ihm nicht wenigstens eine Erklärung für das seltsame Benehmen geben können?
Wolf war auf seinem Heimweg ziemlich betrübt. Noch trüber war nur das Wetter am folgenden ersten Ferientag.
„Schöne Ferien, das kann ja heiter werden“, brummelte Wolf vor sich hin, als er am nächsten Morgen aus dem Fenster blickte. Es regnete Bindfäden. Wenn es mal Bindfäden wären, dachte Wolf, die wären gewiss nicht so nass. Wolfs Blick am Frühstückstisch übertraf noch die Qualität des Wetters um Längen. So gab sich Angelika alle Mühe, ihn aufzuheitern. Nachdem einige witzige Neuigkeiten aus der Zeitung keinen Erfolg zeigten, schlug sie ihm vor, doch seine Oma zu besuchen. Eine solch gute Idee hatte der Junge seiner Stiefmutter überhaupt nicht zugetraut.

Oma Trudi wohnte in Kettenberg, also nur ein Städtchen weiter. In der schwierigsten Zeit hatten seine Großeltern, Oma Trudi und Opa Jupp, für den Jungen gesorgt. Vor ungefähr sechs Jahren hatte seine Mutter ihn und seinen Vater verlassen.

Plötzlich war sie verschwunden, einfach weg ohne jede Ankündigung. Die Gründe dafür kannte der Junge nicht. Mit dieser Last hatte er jeden Tag schwer zu kämpfen. Auch sein Vater antwortete stets nur kurz oder ausweichend auf Fragen zum Verschwinden seiner Mutter. Zu jener Zeit hatte sich sein Vater in die Arbeit gestürzt und war nur selten daraus wieder aufgetaucht.
Oft hatte Wolf damals bei seinem Opa in der Werkstatt zwischen alten Büchern gesessen und ihm dabei zugesehen, wie er aus antiken Schnipseln wieder ganze Buchseiten zusammengesetzt hatte. Jedes Blatt war ein Meisterwerk. Jeder Buchstabe wirkte wie eine filigrane Tuschezeichnung.
„Diese Zeilen sind die Wege in fremde, längst vergessene Welten", hatte der Opa seinem Enkel erklärt und dabei einzelne Puzzlestücke zusammengesetzt. Ein sehr altes Buch aus der Domstadt am Rhein hatte er aufwendig vor Wolfs Augen präpariert. Viele Stunden hatten die beiden so gemeinsam verbracht.
„Es ist ein sehr altes Buch von unschätzbarem Wert", hatte der Großvater seinem Enkel stolz erklärt. Mehr als ein ganzes Jahr hatte er an der Restaurierung gearbeitet. Doch beim Einsturz des Stadtarchivs in der Domstadt war dieses Buch vernichtet worden. Wenige Tage danach war Opa Jupp an einem Schlaganfall gestorben. Ein Schock für den Jungen.

„Du bist ein Wolf, beiß dich immer durch“, hatte sein Opa ihm für schwierige Momente geraten. Und er biss sich durch und kämpfte mit seiner tiefen Trauer.

Seine Oma, eine nette weißhaarige Frau, konnte Wolfs Schmerz mit vielen interessanten Geschichten aus Opa Jupps Leben lindern. Immer wieder hatte Wolf ihr fasziniert gelauscht. Eines Tages hatte Oma Trudi dem Jungen dann ein Geheimnis anvertraut.

„Opa hat mir noch kurz vor seinem Tod eine Holzkiste für dich gegeben, die mit einem großen Wachssiegel verschlossen ist“, hatte seine Oma flüsternd berichtet.

„Ein Schatz für mich!“, hatte Wolf seine Begeisterung fast nicht zügeln können.

„Ja, Opa war davon überzeugt, dass es ein Schatz von unermesslichem Wert ist. Doch dieser Schatz darf nur in die Hände einer wirklich verantwortungsvollen Person gelangen. Erst, wenn du dein dreizehntes Lebensjahr vollendet hast, darf ich dir die hölzerne Schatulle übergeben“, hatte Oma den letzten Willen ihres Mannes wiedergegeben.

„Och, das ist ja noch schrecklich lange hin“, hatte Wolf etwas enttäuscht geklungen, aber ohne Murren die Auflagen akzeptiert.

Bei jedem Besuch musste er nun an den letzten Willen seines Opas denken. Und stets kreisten die Gedanken um diese mysteriöse Holzkiste.

Kurz nach dem Tod seines Opas hatte Wolf mit seinem Vater das Sauerland verlassen. Nur in den Ferien hatte er in dieser Zeit seine Oma besuchen können. Die täglichen Telefonate waren auch kein richtiger Ausgleich. Doch nun wohnte Wolf in Turmstadt, nur einen Katzensprung von seiner Oma entfernt.

Wolf packte seinen kleinen Rucksack und schon war er mitten im Regen auf dem Weg zum Bahnhof. Mit dem roten Schienenbus sind es dann nur noch wenige Minuten bis Kettenberg. Trotz des kurzen Weges zum Bahnhof waren Jacke und Hose völlig durchnässt. Die Kleidungsstücke klebten unangenehm am Körper. Auf Höhe eines dicken Baumstumpfes schaute der Junge kurz auf die Fassade des heruntergekommenen Bahnhofgebäudes, dessen Türen und Fenster mit Brettern vernagelt waren. Nur die vielen Graffitis gaben der grauen Fassade ein wenig Farbe, verbesserten aber nicht unbedingt das Gesamtbild. Der Ort hatte etwas Verruchtes. Ein kleiner Weg an der Seite führte am Gebäude vorbei zu den Gleisen. Allzu viele Gleise waren es nicht. Denn von hier aus konnte man nur die Richtung Kettenberg oder den Weg ins Hölletal wählen. Eine Handvoll Menschen standen am Gleis unter der Überdachung. Wolf ging aus Langeweile ein wenig auf und ab, aber auch weil der kalte Regen ihn frieren ließ.

## 4. Kapitel
## Der Gesichtslose

Am Ende des Bahnsteigs hatte der Junge gerade gewendet, als er einen starken Druck auf seiner linken Schulter verspürte.
„Hallo, Wolf“, drang ihm eine tiefe Stimme entgegen.
Der Junge drehte sich suchend um. Sein Blick wanderte an einer mit einem schwarzen Umhang verhüllten Gestalt hoch, bis seine Augen zu einer tief heruntergezogenen Kapuze gelangten, die offensichtlich die tiefe Stimme beheimatete.
„Wolf, ich habe eine wichtige Nachricht für dich, äußerst wichtig.“ Bei diesen Worten löste sich die rechte Hand der schwarzen Gestalt aus dem weiten Umhang. In einem schwarzen Handschuh steckte ein weißer Zettel, den Wolf automatisch ergriff.
Der Junge nahm das weiße Blatt Papier an sich und versuchte gleichzeitig in der dunklen, weiten Kapuze Augen, Nase, ein ganzes Gesicht zu finden. Vergebens, so sehr sich der Junge auch bemühte, in der weiten Kopfbedeckung fand er nichts weiter als Dunkelheit, ein dunkles Nichts, ein schwarzes Loch.
Offensichtlich hatte sein Gegenüber die vergeblichen Blicke des Jungen bemerkt, denn es folgten Erklärungen: „Du wirst kein Gesicht finden - ich habe mein Gesicht beim großen Magierkampf am

Felsenmeer verloren. Das ist das Meer mit dem härtesten Wasser der Welt - steinhart ...“ Ein lautes, tiefes Lachen dröhnte aus dem Umhang der unheimlich wirkenden Gestalt.
Wolf zuckte erschrocken zusammen.
„Hab keine Angst! Ich wirke vielleicht etwas grob, doch ich bin auf der weißen Seite. Ich stehe auf der Seite des Lichts. Man nennt mich Jan, den Gesichtslosen ...“
Sein rechter Zeigefinger wies auf den Zettel in Wolfs Hand.
„Diese Botschaft enthält alle wichtigen Informationen für dich. Präge dir die Worte gut ein. Wenn die Informationen deinen Kopf erreicht haben, löst sich der Zettel in Rauch auf. Doch es ist nicht der Rauch des Vergessens, die Information bleibt fest in deinem Kopf. Eines noch, es ist deine Wahl, überlege dir diese Entscheidung gut. Du stellst allein die Weichen deines noch jungen Lebens. Gute Reise!“
Die Worte waren noch nicht verklungen, da hatte sich der Gesichtslose bereits entfernt. Wolfs Augen folgten nicht dieser Gestalt, denn ihn fesselte die Frage, welche Nachricht der Zettel freigeben würde.

Der Zug war von ihm unbemerkt in den kleinen unansehnlichen Bahnhof eingelaufen und stand bereits zur Weiterfahrt bereit. Für die auf Fenster und Sitze gesprayten Sprüche hatte Wolf keine

Zeit, er setzte sich in die erste freie Bank und entrollte das Papier. Einen Absender oder Briefkopf enthielt die Nachricht nicht.

„Lieber Wolfram Raab!
Meinen Namen kennst du nicht. Viele Namen wurden mir gegeben, doch ich trage keinen. Namen sind nur Schall und Rauch. Namen werden vom Rauch des Vergessens fortgetragen.
Aber ich bin kein Unbekannter für dich. Mit deiner Entscheidung für das Licht gegen die Dunkelheit wirst du die Erkenntnis in deinem Inneren finden, wirst wissen, wer ich bin.
Beim Schachspiel gibt es schwarze Figuren auf der einen Seite und die weißen auf der anderen Seite. Diese stehen sich gegenüber, so wie es Tag und Nacht oder Licht und Dunkelheit tun.
Auch unsere Welt ist nur ein Schachbrett, auf dem sich weiße und schwarze Mächte gegenüberstehen. Im Spiel der Kräfte wurde mal ein Feld an die schwarzen Kräfte verloren, dann wieder eines gewonnen. Seit einigen Jahren ist die Schwarze Magie auf dem Vormarsch. Sie erobert Feld um Feld. Vor wenigen Tagen rief der Führer der Finsternis zur großen Entscheidung auf. Er will den weißen König für alle Zeiten mattsetzen.
Noch nie waren die schwarzen Magier der Weltherrschaft so nah.
Nun gilt es, alle weißen Magier zu sammeln, damit die Welt nicht auf ewig verloren geht. Auf

der gesamten Erde sammeln wir unsere Kräfte für die große Entscheidung.
Warum wende ich mich mit diesen Zeilen an dich, wirst du fragen.
Höre auf deine innere Stimme und du wirst deine Zauberkräfte spüren. Die Macht der Magie wohnt auch in dir. Doch die Seite wählst du ganz allein.
Entscheide dich für Weiß, für die Mächte des Guten.
Wählst du die Seite des Lichts, dann finde dich in drei Tagen, um 09.03 Uhr auf dem Turmstädter Bahnhof ein.
Sprich mit niemandem darüber, denn noch kannst du nicht erkennen, wer ein Oz ist, das heißt ‚ohne Zauberkraft'. Diese Personen würden kein Verständnis für deine Bemerkungen haben und alles für eine Spinnerei halten. Doch noch schlimmer wäre es, wenn die Informationen an einen Böm, das sind die bösen Magier, gelangen würden.
Entscheide dich jetzt.
Wählst du für dein Leben aber die schwarze Seite, wird der schwarze Rauch des Vergessens all diese Informationen forttragen. Du wirst dich dann an nichts mehr erinnern.
Entscheidest du dich für Weiß, wird weißer Rauch deine Kräfte tief im Innern durchdringen und sie beleben, denn du wirst diese Energie brauchen für deinen neuen Weg …"
Weiter konnte Wolf nicht mehr lesen, denn das Stück Papier in seinen Händen löste sich in wei-

ßen Rauch auf. Das weiße Wölkchen stieg immer höher auf. Wolf schmunzelte, als der Rauch für einen Augenblick das Nichtraucherschild verdeckte, bevor er dann entschwand.
Der Zug hatte den Kettenberger Bahnhof erreicht. Früher ließ die Langeweile ihm die Strecke unendlich weit vorkommen. Doch an jenem Tag hatte er, in Gedanken vertieft, fast vergessen auszusteigen.
Der Besuch bei seiner Großmutter verlief ungewohnt wortlos. Wolf war gefesselt von seinen Gedanken und konnte sich auf keine anderen Dinge konzentrieren. In seinem Essen stocherte er völlig abwesend.
„Träumst du?", war die Frage seiner Oma, die unbeantwortet blieb. Nach einiger Zeit des Schweigens folgte etwas besorgt: „Junge, so kenne ich dich ja gar nicht. Bist du krank?"
Bei diesen Worten hatte sie Wolf mit beiden Armen langsam hin und her geschüttelt, als wollte sie ihn wecken. Dieses Vorgehen zeigte auch Wirkung.
„Ich fühle mich nicht so richtig gut", kurze Zeit nach diesen Worten trat der Junge seinen Heimweg an.
Drei lange Tage lagen noch vor ihm, drei Tage, die seine Nerven strapazieren, ihn auf die Folter spannen würden. Minute für Minute würde der Folterknecht ein Rädchen weiterdrehen. Niemandem könnte der Junge sich anvertrauen.

Auf der Rückfahrt im Zug versuchte er alle Personen einzuteilen in Oz und Böm, doch oft genug blieben Zweifel. Wusste er bis zur Begegnung mit Jan, dem Gesichtslosen, doch selbst nicht, dass er Zauberkräfte besaß.
Seine Stiefmutter Angelika erwartete ihn bereits an der Haustür: „Ich habe mit Oma telefoniert. Spielst du uns wieder etwas vor? Was ist los mit dir?“
Wolf schwieg.
„Ein schwieriges Alter! Wie soll ich dich nur verstehen“, kommentierte sie mit einem kurzen abschließenden Stöhnen das Verhalten des Jungen.
Wortkarg verging auch der nächste Tag, doch im Inneren brodelte es.

Erst das Klappern des Briefkastens riss Wolf aus seinen Gedanken. Sofort sprang er aus seinem Zimmer die Treppe hinunter in Richtung Eingangstür, doch Angelika hatte seinen Weg gekreuzt und den Kasten als Erste erreicht. Der Brief, den sie in Händen hielt, trug den Absender Kultusministerium und war an Wolfs Vater und seine Stiefmutter adressiert. Vor Wolfs Augen öffnete sie den grauen Papierumschlag, aus dem sie eine Einladung zur ‚Hochbegabtenförderung in Zwei-Eulen‘ fischte. Nach den allgemeinen Ausführungen folgte ein Zusatz: „Schüler mit Wohnsitz in Turmstadt finden sich bitte am

13. Juli, um 09.03 auf dem Turmstädter Bahnhof ein."

„Ein Kurs für Hochbegabte? Für kleine Schauspieler?", hatte Angelika schnippisch kommentiert. Ohne eine Reaktion abzuwarten, fuhr sie fort: „Weißt du etwas von dieser Förderung?"

Wolf nickte stumm.

„Willst du da mitmachen?"

Wieder musste ein kurzes Nicken als Antwort genügen. Damit war die Angelegenheit für Angelika abgeklärt. Wahrscheinlich ahnte sie, dass eine wortreichere Antwort von Wolf nicht zu erwarten war. Der Brief wurde mitten auf den Küchentisch gelegt, damit Vater Ralf ihn am Abend vorfinden würde. Es war am späten Nachmittag des gleichen Tages, als Wolf vor der geöffneten Kühlschranktür in der Küche stand, um sich ein Glas Saft, genauer gesagt, Blutorangensaft einzugießen. Hierbei fiel sein Blick auf den Küchentisch.

Wo war der Brief? Er war spurlos verschwunden. Spurlos? Weißer Rauch hing unter der Zimmerdecke. Das Verschwinden des Briefes hatte bei seinen Eltern noch für einige Aufregung gesorgt, in die Wolf zwangsweise einbezogen wurde, doch der Junge schwieg.

## 5. Kapitel
## Der vergessene Ritter

Nach einiger Zeit kühlten die aufgeheizten Gemüter wieder ab, doch die sommerlich schwüle Wärme ließ Wolf nicht einschlafen. Die kleine Balkontür war bereits weit geöffnet, doch der leichte Windzug brachte keine Abkühlung. In seinem kurzen Schlafanzug hatte sich Wolf nach draußen auf den Balkon gestellt. Sein Blick strich über Obstbäume hinweg zu den bewaldeten Hügeln über der Stadt. Mit der beginnenden Nacht schlich weißer Nebel aus dem Wald hinunter ins Stadtzentrum. Langsam, aber ohne Unterbrechung quoll die trübe Feuchtigkeit in die Straßen, bis sie auch den Garten des Reihenhauses flutete. Tiefer Schlaf hatte den Jungen so zugedeckt, wie der dichte Nebel die kleine Stadt. Wolf wälzte sich auf dem Bett hin und her, konnte keine innere Ruhe finden. Es war mitten in der Nacht, als ein Geräusch in seinem Zimmer ihn nicht mehr schlafen ließ. Langsam öffneten sich seine Augen. Mussten sich einen Moment lang an die Dunkelheit gewöhnen, bis sie erste graue Umrisse wahrnehmen konnten. Seine Augen ertasteten den Umriss einer riesigen Gestalt. Wolf erschrak, wollte schreien, doch seine Stimmbänder entließen nicht den geringsten Laut. Eine riesige, dunkle Gestalt stand vor ihm - groß und finster. Eine schwarze Ritterrüstung glänzte metallisch im

Restlicht des kleinen Zimmers, düster und Furcht einflößend. Ein riesiger stählerner Ritter stand direkt vor Wolfs Bett. Langsam tasteten die Augen des Jungen die Rüstung ab, um eine Öffnung zu finden, um zu ergründen, wer in diesem stählernen Mantel stecken würde. Doch auch das große Helmvisier war weit heruntergeklappt.
War das heruntergeklappte Visier nicht das Zeichen für Kampf? Würde jetzt ein Angriff des Kolosses auf den Jungen bevorstehen?
Die rechte Hand des schwarzen Riesen umklammerte ein rot glühendes Schwert. Der Riese wirbelte das Schwert mit schnellen Bewegungen durch die Luft, die jetzt nach Feuer und Schwefel roch. Mit donnernden Schritten näherte sich der eiserne Ritter langsam dem Bett. Sein Schwert durchschnitt in schneller Fahrt die Luft, als würde der Riese gegen unsichtbare Gestalten kämpfen. Dann blieb der Ritter an Wolfs Fußende stehen. Mit beiden Händen hob der Riese das Schwert hoch in die Luft, bis es fast die Zimmerdecke berührte.
Für einen Augenblick schien Wolf wie gelähmt, doch dann nahm er all seinen Mut zusammen und schrie der finsteren Gestalt mit voller Kraft entgegen: „Wer bist du?“ Ohne abzuwarten, setzte er fort: „Du kannst nur ein Feigling sein. Mitten in der Nacht schleichst du dich in ein Haus, um einen schlafenden Jungen zu erschrecken. Wirklich sehr mutig!“

Die Reaktion des Jungen musste die finstere Gestalt überrascht haben, denn wie angewurzelt verweilte der Riese für einen kurzen Augenblick. Doch dann ertönte es wie Donnern aus dem Innern der stählernen Maske. Ein hämisches Gelächter ließ Wolf zusammenzucken.

„Wurm, du nennst mich einen Feigling. Ich werde dich das Fürchten lehren. Schau auf das Schwert!“

Wolf sah, wie das glühende Schwert auf ihn zu schnellte. Instinktiv kniff er beide Augen fest zusammen. Es muss alles nur ein Albtraum sein, ein böser Traum, waren seine Gedanken. Doch schon spürte er den Luftzug an seinem Kopf. Noch fester kniff er beide Augen zu. Gleich schon würde er den Schmerz spüren.

Hatte sich Harry, der Held seiner Bücher, so gefühlt, als er die Blitznarbe auf seiner Stirn erhielt? Harry hatte sich gegen das Böse gewehrt. Er hatte gekämpft!

Entschlossen zum Kampf öffnete Wolf seine Augen. Er blickte in das beißende Feuer des glühenden Eisens. Direkt auf seinen Kopf zu raste das Metall. Doch dann wich es in einem kurzen Schlenker von der eingeschlagenen Bahn ab. Es streifte den rechten Arm des Jungen, bevor es in das Kopfkissen einschlug. Ein starker Brandgeruch drang in Wolfs Nase.

„Der Ritter der Rothenburg kennt keine Furcht, denn an seiner Seite führt er das glühende

Schwert des Henkers. Dir bleibt nur eine Chance, entscheide dich für unsere, die schwarze Seite der Welt. Dann wirst du stark und mächtig sein. Aber weh dir ..." Die Lautstärke seiner Stimme schwoll bis ins Unerträgliche an. „Wenn du zum Abtrünnigen wirst, dann werde ich wiederkommen und mein Schwert wird dich zerschmettern!"
Ein Donner leitete den Abgang des stählernen Riesen ein, der mit der Finsternis der Nacht verschmolz. Für Wolf kehrte nun die ersehnte Ruhe zurück und der Schlaf der Erschöpfung deckte ihn zu.

Erst die hoch am Himmel stehende Mittagssonne hatte den Jungen geweckt. Die Augen blinzelten einen Moment lang im gleißenden Licht. Doch dann ließ ihn die Erinnerung seine Augen weit aufreißen. Er warf einen Blick auf das Kopfkissen, das neben ihm lag.
War alles nur ein böser Traum? Oder? Wolf zuckte kurz zusammen, als er den großen schwarzbraunen Brandfleck entdeckte. Sofort sprang der Junge aus seinem Bett und legte hastig die wenigen Meter ins Badezimmer zurück. Seinen rechten Arm drehte er hin zum Spiegelschrank. Er hatte es geahnt. Die unruhige Nacht war nicht spurlos an ihm vorbeigegangen. Das Abbild des Henkerschwertes war auf seinen rechten Arm gebrannt. Bei diesem Anblick stand seine Entscheidung unumstößlich fest.

Der Schrecken des Bösen könnte noch so mächtig sein, Wolf würde stets auf der Seite des Lichts für das Überleben des Guten kämpfen!

Der Nebel war mit dem schwarzen Ritter verschwunden. Nur in den Baumwipfeln über der alten Ruine der Rothenburg schien ein Rest des trüben Schleiers verblieben zu sein. Versteckt zwischen Bäumen lagen die Überreste der Burg oberhalb der Stadt. Obwohl Hinweisschilder am Weg auf die Überreste der einst stolzen Burg wiesen, schien diese aus den Köpfen der Bürger der sauerländischen Stadt fast verschwunden zu sein.

## 6. Kapitel
## Der Schulhöhle im Hölletal

Die verbliebenen Stunden des Tages waren nur langsam verstrichen. Mit großer Spannung erwartete Wolf den nächsten Morgen. Drei Wecker hatte er im Zimmer verteilt, um den vielleicht wichtigsten Termin seines Lebens nicht zu verschlafen. Den Wald an der Rothenburg hatte er den ganzen Tag nicht aus den Augen gelassen. Der Nebel war entfleucht. In der Burg schien Ruhe eingekehrt zu sein. Bevor Wolf zu Bett ging, verschloss er für diese Nacht die Tür. Zwar war die sommerliche Wärme noch nicht ganz aus seinem Zimmer gewichen, doch das schien der Junge lieber in Kauf zu nehmen, als mit bösen Überraschungen rechnen zu müssen. So blieb Wolf diesmal eine ungestörte Nachtruhe.

Bereits mit dem ersten Sonnenlicht erwachte er aus dem Schlaf, schaute in kurzen Minutenabständen immer wieder auf einen der Wecker. Endlos erschien die Zeit des Wartens, bis mit wildem Gebimmel und schrillen Pieptönen die Erlösung unüberhörbar angekündigt wurde. Die morgendliche Körperpflege wurde auf das Nötigste beschränkt. Viel zu früh hatte er nach dem hastigen Verschlingen der Cornflakes und einem Glas Drachenblut das Haus verlassen. Drachenblut? Eigentlich war es dunkelroter Traubensaft,

den er Morgen für Morgen trank. Irgendwann hatte sein Vater eine Flasche mit dem roten Getränk auf den Frühstückstisch gestellt.
„Echtes Turmstädter Drachenblut“, hatte sein Vater dazu bemerkt. „Drachenblut macht nicht nur groß und stark. Es macht dich unverwundbar.“
Seit jenem Tag trank Wolf ‚Turmstädter Drachenblut‘.
„Es ist der Saft mit der Zauberkraft“, erinnerte er sich an die Worte seines Vaters. Wolf hatte etwas von dem ‚Zaubersaft‘ in seine Wanderflasche gefüllt. So bin ich für alle Fälle gerüstet ..., beim letzten Wort seiner Gedanken erschrak er kurz. Gerüstet ... Rüstung ... Ritter ...!
Doch Wolf war fest entschlossen. Nach wenigen Schritten hatte er bereits das elterliche Haus zurückgelassen und war auf dem direkten Weg zum kleinen Bahnhof. Heute schien er sich besonders stark zu fühlen, ein unverwundbarer Wolf.
Der Bahnsteig war menschenleer. War alles nur ein böser Scherz? Noch ließ die Antwort auf sich warten, denn mehr als 30 lange Minuten lagen noch vor ihm. Doch bereits nach kurzer Zeit waren nach und nach einige Jungen und Mädchen auf den Bahnsteig gekommen, die Wolf einzeln musterte, aber er konnte keine Besonderheiten feststellen. Oder doch?
Auffallend viele Mädchen waren rothaarig, so rot wie seine Freundin Sabine. Und genau bei diesem

Gedanken schaute er in das sommersprossige Lächeln seiner Freundin. „Wölfi, da staunst du, oder?“, begrüßte Sabine den Jungen.
Ja, Wolf war wirklich überrascht, denn Sabine hatte er nicht erwartet.
„Toll, dass du auch hier bist.“ Diese geäußerte Freude hatte ihn wirklich ergriffen, als er das ihm so bekannte Gesicht in der Menge erblickte. Zu zweit würde doch vieles auf diesem für ihn neuen Weg viel einfacher sein.
Irgendwie hatte es Wolf schon immer gespürt, dass Sabine nicht so wie die anderen Mitschüler war. Jetzt wurde ihm auch die Szene auf dem Schulhof kurz vor Ferienbeginn klarer, als sie über Harrys Buch diskutiert hatten.
„Glaubst du, diese Welt der Magie gibt es auch in unserer Nähe?“, hatte Wolf gefragt.
„Klar, und du stehst im Zentrum dieser Welt“, hatte Sabine darauf geantwortet, begleitet von ihrem typisch breiten Lächeln. Ein Scherz? Oder hatte Sabine es wirklich ernst gemeint?
Nun war es Gewissheit, Sabine hatte es damals wirklich ernst gemeint. Wie im Flug war die Zeit vergangen. Wolf hatte von seinen Erlebnissen der letzten Tage berichtet. Sabine hatte stumm gelauscht und nur hin und wieder verständnisvoll genickt. Mitten in seine Erzählung mischten sich die schrillen Töne der quietschenden Bremsen des einfahrenden Schienenbusses, ein knallroter Bus auf Schienen.

„Der Geisterzug!“, hatte Wolf ausgerufen, seine Erzählung unterbrechend. Den scheinbar leeren Zug hatte er schon häufiger auf dem Stadtgebiet vorbeifahren sehen.
Seine Stiefmutter hatte einmal zu ihm bemerkt: „Das ist der Geisterzug. Er bringt die Wald- und Höhlengeister ins Hölletal.“

Bei seinem jetzigen Ausruf hatte Sabine wieder nur stumm genickt. Keine Ansage und kein Hinweis verkündeten das Fahrtziel dieses Zuges. Doch die Wartenden wussten zweifelsfrei, dass sie einsteigen mussten. Der Letzte hatte gerade den Schienenbus bestiegen, da schlossen sich auch schon die Türen und das Gefährt setzte sich holpernd in Bewegung. Schon nach kurzer Zeit blickten die Fahrgäste auf steile Felswände, als sie in das Tal der Hölle eintauchten. Die Fahrt verlangsamte sich. Unter dem quietschenden Geräusch der Bremsen wurde ein kleiner Bahnhof als Endziel erreicht. ‚Zwei-Eulen‘ stand mit großen schwarzen Buchstaben an dem Bahnhofsgebäude geschrieben. Ihr erstes Etappenziel hatten die Reisenden erreicht. Die Zugtüren öffneten sich und spuckten die Kinder auf den noch leeren Bahnsteig aus. Die Türen des kleinen frisch gestrichenen Bahnhofgebäudes waren fest verschlossen. In der Nähe waren nur verschiedene abgestellte Loks zu erkennen.
Doch was sollten sie nur an diesem Ort?

Nirgendwo fand sich ein Hinweis. Noch während Wolfs Blick Türen, Fenster und Fassade absuchte, ging ein Ruck durch seinen Körper. Das Gewicht des Jungen schien nun an seinen Schultern zu hängen. Seine Füße verloren den Bodenkontakt. Gut einen Meter schnellte Wolf in die Höhe. Was geschah mit ihm? Wo war Sabine? Wolf entdeckte ihren rot leuchtenden Schopf. Sabine befand sich direkt neben ihm in der Luft. Noch ehe er ein Wort oder Blick mit ihr wechseln konnte, wurde sein Körper um die eigene Achse gedreht, schneller und immer schneller. Die Konturen seiner Umwelt verschwammen. Merkwürdig säuselnde Stimmen drangen an sein Ohr:

„Dreimal musst du dich jetzt drehn,
intensiv gen Himmel sehn,
wirst getragen von zwei Feen
und dann vor der Schule stehn.“

Ein kurzer Ruck folgte. Wolf spürte, wieder lastete das Gewicht seines Körpers auf den Füßen.
„Was war denn das?“, rief er überrascht aus.
„Das war der Dreh mit der Fee!“, folgte die prompte Antwort aus Sabines lachendem Mund.
„Wo sind wir denn hier gelandet?“
Diese Frage konnte Wolf auch nicht beantworten. Mitten im Wald hatten sie sich wiedergefunden. Zwischen den Bäumen verstreut tauchten nach und nach alle Mitreisenden aus dem Schienenbus auf. Schritt für Schritt bewegte sich die Gruppe in dieselbe Richtung.

Eine Waldschneise und ein großes Hinweisschild waren nun erkennbar: ‚Seid nicht bang, kommt hier entlang!'
Nach wenigen Metern schon erreichten sie eine weitere Schrift: ‚Geister aus dem Wald machen hier draußen halt!'
Als Wolf das Gelände zur Rechten und Linken genauer betrachtete, bemerkte er kleine merkwürdige Gestalten, die unter den Bäumen und sogar auf den Baumästen saßen. Große Köpfe wurden von kleinen Körpern getragen. Diese Wesen waren im Wald kaum erkennbar, denn die grünbraune Farbe ihrer Haut und der teilweise zerrissenen Kleidung ließ sie in der Natur untertauchen. Fragend blickte Wolf in Sabines Augen, die sich immer noch direkt an seiner Seite befand.
„Es sind die Waldgeister, die Kobolde", warf Sabine ihm erklärend zu.
Weiter trugen ihre Füße sie voran, dabei passierten sie immer wieder große Warntafeln mit der Aufschrift: ‚Mächte der Dunkelheit zu einer späteren Zeit!'
An diesem Ort versammeln sich auch die schwarzen Magier, hielt Wolf in Gedanken fest. Die Erinnerung an den schwarzen Ritter erfasste den Jungen für einen Augenblick und ließ einen kalten Schauer über seinen Rücken fließen. Doch er schüttelte die bösen Gedanken ab.
Aus der schmalen Schneise, die nur wenig Licht zu ihnen hinunter ließ, gelangten sie nun zu

einem sonnenüberfluteten Platz. Steile Felswände grenzten den Platz ein. Die Kinder aus dem Schienenbus waren an diesem abgelegenen Ort nicht die einzigen Anreisenden. Auf der gesamten Fläche standen die unterschiedlichsten Gestalten zumeist in kleinen Gruppen. Verschiedene große und kleine Felsöffnungen saugten die Wesen auf, um sie verschwinden zu lassen.

Sabine wies in Richtung einer kleinen Höhle, über der hölzerne Buchstaben das Wort ‚Besenkammer' zusammensetzten. Nach einer kurzen Wartezeit waren die beiden Freunde an der Reihe, durften in die kleine dunkle Höhle eintreten. Besen, wohin das Auge auch blickte. Kleine Besen, große Besen, Straßenbesen, Reisigbesen ... Hunderte oder vielleicht Tausende waren es wohl in diesem kleinen dunklen Raum, die unter der Decke hingen oder an den steinernen Wänden lehnten. Hinter einem kleinen abgewetzten Holztresen stand ein älterer Mann. Ein großer spitzer Hut, so tiefschwarz wie seine gesamte Kleidung, thronte auf seinem roten Haar, das zu einem langen Zopf zusammengebunden nach vorn über seine rechte Schulter hing. Die Spitze seiner Kopfbedeckung wies genau auf eine bunte Werbeschrift: ‚Die besten Besen für Zauberwesen'.
„Den da möchte ich haben ...", sprudelte es spontan aus Sabines Mund. Mit der rechten Hand wies sie auf einen knallrot und blau lackierten Mopp,

der in einer Ecke stehend von einem hellen Lichtspot angestrahlt wurde.

„Eine gute Wahl, Fräulein“, ertönte sofort die Antwort unter dem spitzen Hut mit unerwartet piepsiger Stimme. „Das ist unser neuestes Fluggerät. Der Mots hat sogar das goldene Sturzflugsiegel, Platz eins im Test der Zeitschrift ‚Fliegen ist keine Hexerei‘. Bei Stiftung ‚Besentest‘ ...“, so zählte er noch diverse Auszeichnungen auf. Bis sein Vortrag dann in der Frage endete: „Wie sieht es überhaupt mit der richtigen Fluglizenz aus? Für den Mots reicht nicht die Klasse eins, da brauchen wir schon die Klasse dreizehn.“

Wolf hatte das Gespräch mit etwas Verwunderung verfolgt, denn über Flugbesen, andere langstielige Fluggeräte und die dazu gehörenden Fluglizenzen hatte er bisher noch nie etwas gelesen oder gehört. Unterdessen war Sabine einen Schritt weiter bis direkt vor den Tresen gerückt. Sie tippte mit ihrem rechten Zeigefinger auf die linke Brustseite. An ihrem roten T-Shirt heftete eine Plakette in der Größe einer Zwei-Euro-Münze, die in jedem Lichtstrahl golden glitzerte. Der Leiter der Besenkammer war von der anderen Seite des Tresens nah herangerückt. Er beugte seinen Kopf zu Sabine herunter, um die Schrift auf ihrer Plakette zu entziffern.

„Herzlichen Glückwunsch, die Flugerlaubnis ist ja ganz frisch“, ertönte seine piepsige Stimme.

Sabine nickte stumm.

Und schon hielt sie ihr gewünschtes Fluggerät in Händen, den Mopp TS oder kurz Mots.
„So, was kann ich jetzt für dich tun?“
Wolf stutzte einen Moment, denn er besaß keine Plakette, die irgendeine Lizenz bescheinigen würde.
„Ich habe keine Fluglizenz“, antwortete Wolf kurz.
„Keine Fluglizenz“, wiederholte der Mann, bevor er fortfuhr, „keine Fluglizenz, das geht nicht. Du bist kein Geist, kein Kobold und auch kein Troll. Ich kann mir alle Überlegungen sparen, du kannst nur als Magier hier sein, als Gum, als guter Magier.“
Wolf nickte bestätigend. Der Herr der Besen zog nachdenklich seine Stirn in Falten.
„Ein Magier, der nicht fliegen kann? Das gibt es nicht“, waren seine abschließenden Worte.
„Fliegen kann ich doch, aber nur auf dem Rücken von Kleblatt“, wendete der Junge ein. Nachdem Wolf für einen Moment in fragende Augen geblickt hatte, ergänzte er: „Kleblatt ist ein himmelblaues Pferd, mein fliegender Freund.“
Die Worte waren noch nicht verklungen, da hatte sein Gegenüber sich schon zur Seite abgewendet. Er begann damit, in einer Schublade zu wühlen. Kurze Zeit später zog er einen weißen Zettel mit dem Kommentar hervor: „Hatte ich ganz vergessen. Du bist Wolf?“
Der Junge nickte wortlos.

„Du bist ja wirklich ein Sonderfall. Dir kann ich nur diese Ausnahmebescheinigung geben“, mit diesen Worten händigte er den Zettel aus.

Danach verließen Wolf und Sabine die Besenkammer. Sabine trug stolz ihren Mots unterm Arm. Wolf hielt nur den kleinen Zettel in seiner Hand, auf dem die knappen Worte ‚Besenersatzbescheinigung für Jungmagier Wolf Raab‘ über einem blauen Siegel geschrieben standen.
Die Schritte führten die beiden durch eine große Öffnung inmitten der Felswand. Eine riesige gewölbte Halle lag vor ihnen. Der Schein hunderter Fackeln ließ große Tropfsteingebilde wie Skulpturen aus einer anderen Welt erscheinen. Mit etwas Fantasie entdeckte man römische Säulen, monströse Hände ... In einer Ecke schien eine überdimensionale Harfe zu stehen. In der Mitte der Höhle lag ein schneeweißes Becken mit kristallklarem Wasser.
Die Stimmen der hineinströmenden Nachwuchsmagier verstummten und die Blicke wurden staunend nach oben gerichtet, als Schwärme von Fledermäusen ihre Künste im Formationsflug darboten. Wie glitzernde Sterne leuchteten kleine Kristalle an Decke und Wänden. Es wurde so still in der Höhle, dass man sogar den Takt der Tropfen hören konnte, die den Weg in den See fanden. Die kleinen Flugakrobaten entschwanden durch einen kleinen Kamin über den Köpfen der stau-

nenden Zuschauer. Keine Sekunde war vergangen, kein einziges Wort hatte die Stille zerschnitten, als aus einem breiten Seitengang zwölf Männer in schneeweißen Roben auf ihren Händen rote Feuerbälle hereintrugen und sich in einen Halbkreis stellten. In die Mitte dieser Formation schritt eine schwarze Gestalt, die Kapuze tief ins Gesicht gezogen. Das Licht war anscheinend zu spärlich, denn ein Gesicht war nicht erkennbar.

Eine tiefe Stimme brummte den Wartenden entgegen: „Ich begrüße euch in der ältesten Magierschule der Welt. Sie ist fast so alt wie die Steine, steinalt. Ein Labyrinth von Gängen zerschneidet die Felsen und führt in alle Richtungen. Eine unterirdische Welt mit engsten Räumen und großen Ballsälen liegt vor euch. An einigen Orten erzählen bunte Wandmalereien von Zauberkulten vergangener Zeiten, von Formeln und Zutaten, die längst verloren sind. Denn wo bekomme ich heute noch das frische Ohr eines Mammuts?
Doch nun seid ihr die Magier, die die Tradition weiterführen dürfen. Ihr müsst die weiße Magie stärken. Gut und böse, schwarz und weiß, das sind zwei Seiten einer Waage, die unsere Welt im Gleichgewicht hält. Doch nun wirft Schwarz all seine Kraft in diese Waagschale. Ach, ich vergaß mich vorzustellen, ich bin Jan, der Gesichtslose. Erinnert euch, ich überbrachte euch die wichtige Nachricht. Als Höhlentagesmeister stehe ich euch

bei Fragen zur Seite. Doch nun mache ich Platz für die magischen Lehrer."
Wieder war es mucksmäuschenstill. Nun wurde das Bild für die Betrachter bunter. Acht, nein, neun Gestalten schritten sternförmig aus verschiedensten Felsöffnungen in die Mitte des Saales. Unterschiedliche Roben und Gewänder ließen jede Person einzig wirken. Ein kleiner asiatischer Mann in golden glänzende Seidenstoffe gehüllt, die mit schwarzen Schriftzeichen verziert waren. Auf seinem Kopf saß eine kleine goldene Kappe. Sein schwarzes Haar war zu einem langen Zopf geflochten.
„Professor Dr. Lin Hun, Kräfte der Meditation, chinesische Lehre von Geist und Körper", hallte die bekannte tiefe Stimme aus dem Hintergrund. Der Professor bewegte sich einen Schritt hin zu den neuen Schülern, um sich kurz zu verbeugen. Als nächster folgte der dunkelhäutige Australier, dessen unbekleideter Oberkörper und auch sein Gesicht mit Zeichen aus weißer Asche verziert waren. Die Jungen und Mädchen nannten ihn nur Didger, weil seine Erzählungen und seine Musik mit dem Didgeridoo für alle unvergesslich blieben. Seine Aufgabe war es, die Schüler auf eine imaginäre Reise über Traumpfade zu geleiten. Die Gedanken konnten sich nicht lösen, schon erschien die nächste Person. Der Fluglehrer war für Sabine und Wolf kein Unbekannter. Er war nicht nur der Herrscher der Lüfte, sondern auch

der Meister der Besenkammer. Gewöhnlich hieß er bei den Jungmagiern nur roter Baron. Nach dem roten Baron folgte eine blasse, dürre Frau mit langen roten Haaren. Offiziell war sie die Chefalchemistin, die Leiterin der Hexenküche. Für die Schüler war sie einfach die Kräuterhexe. Wie ein Schatten erschien direkt nachfolgend ihr nicht ganz farbechtes Spiegelbild. Diese Frau glich der Kräuterhexe wie ein Ei dem anderen. Zu unterscheiden waren die Frauen nur an den Farben ihrer Haare, die ein wenig an Ampellichter erinnerten. Nach Hexenrot folgte nun Giftgrün. Giftgrün unterrichtete die Geschichte von Magie und Zauber. Aus weiten Tüchern, die alle Farben des Regenbogens trugen, ragten muskulöse kaffeebraune Gliedmaßen und ein dicker Kopf mit schwarzen Rasterlocken. Die Rasterlocken erinnerten Wolf irgendwie an schwarze Nudeln. Der Rastermann war ein Vertreter des weißen Voodoo-Zaubers. Er sollte den Schülern alten Tanz und Trommel-Rhythmen vermitteln. Der Mann setzte sich vor den Schülern auf den nackten Steinfußboden, klemmte die mitgebrachte Trommel zwischen seine Beine und ließ das Instrument durch Schläge seiner Hände erklingen. Einem langsamen Takt folgten Trommelwirbel, die die Zuhörer regelrecht in Trance versetzten.

Erst mit dem letzen Trommelschlag kehrten die Schüler aus der entfernten Traumwelt zurück in die Höhle.

Fast unbemerkt hatte sich ein dicker Mann in den Vordergrund geschoben. Die Kinder, die eben noch weit weg in Traumwelten waren, tuschelten und kicherten. War dies eine Traumgestalt oder eine reale Person? Das Gesicht war runzelig. Es schien von einer unschätzbaren Zeitspanne geformt. Bedeckt wurde der Kopf von weißen wirren Haaren. Aus einer abgewetzten kurzen Wildlederhose ragten nackte kalkweiße Beine, die am anderen Ende in Wanderschuhen verschwanden. Sein ärmelloses leuchtend rotes Shirt, das fast so zerknittert wie sein Gesicht war, ließ den Blick auf eine Tätowierung seines rechten Oberarmes zu. Hier prangte das Bild eines Feuer speienden Drachens. Seine Aufgabe war es, die Jungmagier in die Welt von Sagen und Legenden zu führen, schien er doch selbst einer solchen Welt zu entstammen. Es folgten noch verschiedene andere Lehrkräfte für unterschiedliche praktische Zauber- und Magierübungen. Der Leiter der Schule jedoch fehlte bei dieser Zeremonie.
Zum Abschluss der Begrüßung verwandelte sich der kristallene See in ein loderndes Feuermeer, das die weißen Säulen und Figuren in ein Spiel von Licht und Schatten tauchte. Als die Flammen am hellsten loderten, wurden sie scheinbar vom See verschluckt. Stockfinstere Dunkelheit hatte jedes noch so kleine Licht erstickt. Die eigene Hand war nicht vor Augen zu sehen. Kurze stöhnende Laute des Erstaunens, einige waren sicher-

lich auch Zeichen der Angst und Hilflosigkeit, waren zu vernehmen, bis das Licht von Fackeln und die bekannte brummige Stimme Beruhigung brachten.

„Die Spannung von Licht und Schatten gehört zu einem faszinierenden Bild. Frisst aber die Finsternis das ganze Licht, so verschwindet auch das Bild vor unseren Augen und die Welt bewegt sich in einer ewigen Nacht. Das darf nicht geschehen. Wir werden es verhindern!"

Aus einigen Kehlen war ein leises „JA" zu hören.

„Wir werden es verhindern!", wiederholte Jan seine Worte. Bei der dritten Wiederholung schwoll die Zustimmung zu einem nicht zu überhörenden „JA", das aus allen Kehlen dröhnte.

„Und nun folgt flugs den Pfaden des Wissens. Flugs, also fliegt den neuen Zielen entgegen. Weiht eure neuen Besen ein. Unser Besenleitsystem wird euch automatisch ans Ziel bringen. Viel Erfolg!" Nach einer kurzen Pause setzte er fort: „Ach, das hätte ich fast vergessen. Jungmagier mit einer Ausnahmebescheinigung wählen bitte eine naheliegende Mitflugmöglichkeit."

Für Wolf war natürlich naheliegend als Sozius bei Sabine mitzufliegen. Ein Blick allein war ausreichend. Sabine hatte den Stiel fest zwischen ihre Beine geklemmt, war weit ans vordere Ende gerückt und Wolf stand dicht hinter ihr.

„Ich bin startbereit. Ready for Take-off!", rief Wolf in freudiger Erwartung.

Schon hoben sie gemeinsam fast senkrecht ab und verloren gemeinsam den Boden unter ihren Füßen. Wolf klammerte fest an Sabine. Mit der Geschwindigkeit eines Düsenflugzeugs rasten die Freunde auf die großen Säulen zu, näher und näher. Die Säulen schienen zum Greifen nah. Ein großer Ruck riss beide fast von ihrem Fluggerät. Im wilden Tiefflug ging es über den Kristallsee. Wolf und Sabine genossen nun ihren Ritt, jauchzten laut voller Freude. Die anderen Besenpiloten hatte Sabines Mots bereits auf den ersten Metern zurückgelassen. Im wilden Flug wurde die große Halle durchquert, bis beide in einen engen dunklen Gang einbogen. Kreuz und quer düsten sie durch das Labyrinth der Gänge. Die Geschwindigkeit wurde langsamer, als sich vor ihren Augen ein Raum öffnete.
Ein glitzerndes Meer lag vor Sabine und Wolf. Millionen funkelnder Sterne saßen auf den Felswänden und der steinernen Decke. Die Glitzerpunkte brachen das Licht einer weißen Flamme, die aus einer Felsspalte loderte. Erst langsam gewöhnten sich die Augen an das weiße Licht.

## 7. Kapitel
## Auf Traumpfaden

Einige schlichte Holzbänke standen in Reihen, aber es fehlten die für Schulräume typischen kleinen Tische davor. Vor diesen Sitzelementen stand ein dunkelhäutiger großer Mann. Weiße Aschemarkierungen schmückten seinen freien Oberkörper und sein Gesicht. Auffallend waren seine breite Nase und der stechende Blick aus den kleinen dunklen Augen. Schnell hatten sich die Reihen mit Schülern gefüllt. Der fremde Eindruck ließ sie verstummen und führte zu einer erwartungsvollen Stille. Die Besen, die die Jungmagier an diesen Ort getragen hatten, lehnten an den Felswänden. Alle Blicke waren nun auf den in sich gekehrten Fremden gerichtet. Ohne sich vorzustellen, berichtete er von Traumpfaden, die zu uns und unserem Lebensweg führen würden. Mit Worten, Händen, manchmal mit dem gesamten Körper erzählte er in einer Art, wie die Zuhörer es bisher noch nie erlebt hatten. Wolf hatte, der Aufforderung des Erzählers folgend, die Augen fest geschlossen. Trotzdem sah der Junge den dunkelhäutigen Mann deutlich, der winkend in einem Nebengang der Höhle verschwand. Wolf folgte durch die dunklen Gänge, bis er plötzlich einen hellen Lichtstrahl erblickte. Der Lichtstrahl lockte ihn durch einen Wald mit riesigen Bäumen. Langes Moos bedeckte die weit ausladenden

Äste, durch die ein leichter Wind strich, als würde das lange grüne Haar gekämmt. Längst war sein Lehrer schon aus seinem Blick verschwunden, aber dennoch schien Wolf seinen Weg zu kennen. Der Wald wurde dichter. Wie grüne Mauern links und rechts schloss er den Wanderer ein. Einen Augenblick lang war Wolf stehen geblieben, um zurückzublicken, doch der Wald hatte den kleinen Pfad wieder in Besitz genommen und sich hinter dem Jungen zu einer dichten Mauer verschlossen.
Wolf dachte nicht darüber nach, sondern setzte seinen Weg einfach fort. Schon nach einigen Minuten mündete der enge Pfad in eine große Lichtung. Helle Sonnenstrahlen überfluteten eine bunte Blumenwiese, die auf der gegenüberliegenden Seite von dichtem Wald begrenzt wurde. Direkt vor diesen Bäumen stand seelenruhig ein Reh, den Kopf in die Wiese gesenkt. Fast schon golden leuchtete das Fell in der hellen Sonne. Wolf hatte gerade den Schutz des Waldes verlassen, als das Reh langsam seinen Kopf hob, seine beiden Ohren aufstellte, um aus scheuen Augen den Wanderer zu beobachten. Wolf blieb ruhig stehen, denn es war nicht seine Absicht, das scheue Wesen aufzuschrecken. Der Junge hatte sich langsam einige Schritte vorgetastet, beobachtete dabei das Reh genau. Merkwürdig ist dieses Spiel der Sonnenstrahlen, dachte er, als die dunkelbraunen Augen des Tieres begannen, gelb zu leuchten. Aus

seinen Gedanken wurde er schnell durch ein ohrenbetäubendes Gelächter herausgerissen. Kaum erkennbar bewegte sich auf der anderen Seite der Wiese eine Gestalt aus dem Schutz des Waldes. Das Sonnenlicht wurde von der schwarzen Rüstung verschluckt. Das Reh sprang in Wolfs Richtung. Der gelb stechende Blick war auf den Jungen gerichtet. Das goldene Fell verlor seine Farbe. Mit jedem Sprung schien sich die Form des Tieres zu verändern. Aus dem zierlichen Körper mit den langen, schlanken Beinen wurde ein kräftiges, bulliges Tier mit großem Kopf.

Ein seltsamer Hund?

Immer länger wuchsen die Eckzähne, die wie weiße Messer aus dem weit geöffneten Schlund herausragten. Wolf stand regungslos wie angewurzelt.

„Ein Werwolf! Verdammt, ein Werwolf", hatte der Junge lautstark seiner Überraschung Ausdruck verliehen. Und dieser Ausruf wurde umgehend mit lautem Gelächter beantwortet. Einen kurzen Moment lang hatte Wolf ins Auge gefasst, umzudrehen und fortzulaufen, doch er blieb stehen. Der Junge kreuzte energisch den bohrenden Blick des Untiers. Ein Gefühl, als würde all seine Kraft aus dem Körper gepumpt, durchfuhr ihn. Jetzt war der Werwolf weniger als zwei Meter entfernt, gleich würde er zum Sprung ansetzen. Weit hatte das Tier sein Maul aufgerissen, hatte seinen Lauf verlangsamt und seinen Kopf in den

Nacken geworfen. Ein fürchterliches Jaulen wurde aus dem Schlund dem Himmel entgegengeschleudert, als wäre dieses Tier von einer Gewehrkugel getroffen worden. Wolf traute seinen Augen kaum, vor ihm stand nicht mehr dieses gefährliche Ungeheuer, nein, braune Rehaugen schauten ihn an. Der Junge hatte all seine Kraft eingesetzt. Er fühlte Müdigkeit, tiefe Müdigkeit. Die Augen fielen ihm zu.
Als Wolf durch seine Augenlider blinzelte, fand er sich auf der Holzbank neben Sabine wieder. Ihm gegenüber stand der dunkelhäutige Lehrer, der seine Stimme an die Schüler richtete: „Für heute habt ihr mehr als genug gelernt. Damit ist der Unterricht beendet."
Die Jungen und Mädchen waren nicht etwa nach diesem Schlusswort direkt aufgesprungen, nein, die meisten blieben noch einige Minuten sitzen. Wolf blickte kurz zu Sabine, die durch ein kurzes Nicken den Aufbruch bestätigte. Sabines Mots beförderte die beiden Freunde sicher durch die dunklen Höhlengänge. An der Besenkammer musste Sabine ihr Fluggerät abgeben. Erst die erfolgreich absolvierte ‚Hexentanzprüfung' würde ihr absolute Sicherheit auf dem Besen bescheinigen und zu einem Flug außerhalb des Schulgeländes berechtigen. Auf dem Platz vor der Höhle verweilten die beiden Freunde einen Augenblick, bis sie von den Feen, so wie sie gekommen waren, zum kleinen Bahnhof im Hölletal

zurückgetragen wurden. Der rote Schienenbus brachte sie anschließend nach Turmstadt zurück. Auf dieser Fahrt hatten die beiden keine Blicke übrig für die zauberhaften Felsformationen mit ihren zahlreichen Einlässen. So sehr waren sie in ihre Gedanken vertieft, dass sie kein einziges Wort austauschten. Erst auf dem Bahnhof Turmstadt angekommen, durchbrachen sie ihr Schweigen: „Tschüss, bis morgen!“

So trennten sich ihre Wege. Sabine setzte ihren Heimweg mit dem Bus in Richtung Felsenstadt fort. Wolf durchschritt in Gedanken versunken die Gassen der Kleinstadt. Im gleichen Trott verliefen die nächsten Tage: Roter Schienenbus, Feenflug, Höhlenschule. Der Unterricht und die Lehrer wechselten. Professor Dr. Lin Hun, der kleine asiatische Mann in golden glänzende Seidenstoffe gehüllt, dozierte über Kräfte der Meditation und chinesische Lehre von Geist und Körper. Wieder sollten sie mit geschlossenen Augen sehen, was vielleicht etwas merkwürdig klingt. Doch Wolf, Sabine und ihre Mitschüler folgten den Worten ihres chinesischen Lehrmeisters.

„Schließt die Augen. Ihr fühlt euch frei, ganz leicht und entspannt. Nun schaut in euch hinein. Ihr spürt euren rechten Arm, er wird warm, ganz warm. Kraft durchströmt den Arm ...“

So reisten die Kinder durch ihren eigenen Körper. Sie lernten dabei, ihre Kräfte zu steuern und auf ihre innere Stimme zu hören.

„Tradition ist kein alter Zopf, den man abschneiden sollte“, lachte der Professor und schüttelte dabei seinen Kopf hin und her, sodass sein schwarzer Zopf durch die Luft schnellte.
Die Kinder lernten die Alchemie kennen, hörten Sprachen und Formeln der Zauberei, bewegten sich im Hexentanz und erfuhren von der Kraft der Kräuter.

## 8. Kapitel
## Von Hexenmüttern

So war die Woche wie im Besenflug vergangen. Wolf saß auf dem Rückweg wieder im Schienenbus neben Sabine.

„Es ist ja wirklich eine wundersame Welt, geheimnisvolle Kräfte stecken in uns. Wir haben viel gelernt, aber meine Fragen haben nicht abgenommen, nein, zu einem riesigen Berg sind sie angewachsen“, redete Wolf auf Sabine ein.

Sabine hörte schweigend bis zum Ende zu. Dann antwortete sie für Wolf überraschend: „Komm doch morgen um 17.00 Uhr auf einen Kräutertee bei mir zu Hause vorbei. Meine Mutter kann dir gewiss viele Fragen beantworten.“

Es folgte eine kurze Pause, in der Wolf seine Mitschülerin nur verwundert anschaute.

„Meine Mutter ist auch eine Hexe. Sie stammt aus einer alten Hexendynastie und kann viel über alte Zeiten berichten. Früher ging es heiß her.“ Ihr breites Grinsen ergänzte sie mit den Worten: „Und hast du Lust?“

Wolf nickte nur.

Eigentlich hatte er nachfragen wollen, doch der kleine rote Zug hatte den grauen Bahnhof seiner Heimatstadt erreicht. Wolfs und Sabines Wege trennten sich, denn nur im Laufschritt konnte sie den Bus in die Stadt am Felsenmeer erreichen.

Wie die Tage zuvor war der Junge ziemlich erschöpft am frühen Abend zu Bett gegangen.
Seine Stiefmutter kommentierte: „Ich glaube, die Schule tut dir gut, da wirst du nicht nur gefördert, sondern auch gefordert."
Wolf war zu müde, um diese Worte, die sie mit einem Grinsen unterstrich, zu erwidern.

Am nächsten Morgen saß Wolf ganz allein am Frühstückstisch. Sein Vater war auf einer seiner zahlreichen Dienstreisen. Und seine Stiefmutter war in der letzten Zeit auffällig häufig unterwegs, ohne eine genaue Begründung abzugeben. Er hatte sie nur einmal beobachtet, wie sie zu der Nachbarin ins Auto gestiegen und davongefahren war. Die Nachbarin war eine merkwürdige Erscheinung. Vor einigen Jahren war ihr Mann gestorben. Damit hatte eine seltsame Veränderung begonnen. Wolf kannte sie früher nur als Frau im geblümten Kittel, die Haus und Terrasse putzte oder in der Küche wirbelte, um zu kochen oder zu backen. Doch nach dem Tod ihres Mannes lief sie plötzlich mit einem Pendel durch Gebäude und Garten, um den Verlauf der Erdströme und Wasseradern aufzuspüren. Danach hatte sie sämtliche Möbel in ihrem Haus verrückt. Verrückt, hatte Wolf gedacht. Der Junge fühlte sich schon wenige Tage später erneut bestätigt. Die gesamte Familie Raab hatte beim Frühstück gesessen, als ein ohrenbetäubender Lärm vom Nachbarhaus sie zusammenzucken ließ. Wie auf Befehl waren die drei aufgesprungen und ans Küchenfenster geeilt. Eine riesige Staubwolke hüllte das Nachbarhaus ein. Bauarbeiter sägten und stemmten ein riesiges Loch in die Außenwand des kleinen Siedlungshauses.

„Ach ja, heute soll ja der Mauerdurchbruch erfolgen“, versuchte sich die Stiefmutter laut zu erinnern.
„Mauerdurchbruch?“, schoss es fast gleichzeitig aus den Mündern von Vater und Sohn.
„Wegen Feng-Shui!“, verwirrte sie die beiden nun vollends.
„Feng-Shui, das ist eine asiatische Weisheit“, erklärte der Vater.
Doch die Erklärung warf nur noch mehr Fragen auf: „Und diese Weisheit besagt, dass man Mauern einreißen soll?“
„Manchmal schon, nämlich dann, wenn der Weg für einen Drachen verstellt würde. Flugdrachen können durch Fenster ins Haus gelangen, aber sie brauchen auch einen Weg wieder hinaus. Deshalb soll jetzt ein großes Panoramafenster eingesetzt werden.“
Wolf schaute etwas verblüfft: „Und die Drachen, die bisher ins Haus geflogen sind und keinen Ausgang fanden, wo sind die geblieben?
Saßen diese Drachen bis heute wartend im Wohnzimmer?“

Darauf konnten weder Vater noch Stiefmutter eine Antwort geben.
Einige Wochen später hatte dann die Nachbarin noch eine große Messingtafel an ihre Haustür geschraubt. Mit schwarzen Lettern stand darauf: ‚Wahrsagerin'. Und darunter etwas kleiner: ‚Horoskope und magische Karten'.
Und mit dieser merkwürdigen Frau war seine Stiefmutter unterwegs.
Doch Wolf hatte an diesem Samstag wichtigere Dinge zu tun, als sich über merkwürdige Nachbarinnen Gedanken zu machen. Er hatte eine große Landkarte ausgebreitet und suchte Dainhofen, Sabines Wohnort. Den Ortskern von Felsenstadt hatte er schnell auf dem Plan gefunden. Hier muss doch dieser Ort liegen! Wolf strich mit dem Zeigefinger hin und her. Dann landete er auf einem Gebiet mit Namen ‚Felsenmeer'. Schon las er auch den Namen des gesuchten Ortes und der Straße. Doch wie komme ich an diesen abgelegenen Ort? Mit dem Bus? Busfahrten gehörten nicht zu Wolfs Lieblingsbeschäftigungen. Er hasste das ruckelige Anfahren und die abrupten Bremsungen, bei denen er oft hin und her geworfen wurde. Doch mit weiteren Gedanken hierüber brauchte sich Wolf an diesem Samstagnachmittag nicht zu quälen, denn er hörte ein vertrautes Geräusch, das ihn erlöste. Der Takt der schlagenden Hufe kündigte seinen Freund an. Und schon stand Kleblatt in Lebensgröße vor dem Jungen. Mit einem

schwungvollen Satz war Wolf auf den Pferderücken geklettert. Kurz tätschelte er freundschaftlich den Hals seines Freundes. Schon musste Wolf sich mit beiden Händen festklammern, um nicht den Halt zu verlieren. Die beiden verließen im wilden Galopp das Haus. Sie gewannen schnell an Höhe. Immer winziger wurden die Häuser der Heimatstadt, bis alles zu einem einzigen Fleck zusammenfloss. Eigentlich wäre es nur ein kurzer Ritt gewesen. Doch der Junge und sein blaues Pferd liebten es, steil in die Lüfte zu steigen, um dann im Sturzflug der Erde entgegen zu rasen. Schnell löste sich der vor ihnen liegende Punkt wieder in einzelne Häuser, Straßen und Bäume auf, um im anschließenden Steigflug wieder zu verschwimmen. Es ging hoch hinaus bis in die weißen Wolkenberge hinein, aus denen sie gemeinsam nach einer kurzen Flugzeit wieder hinab auf die Erde stürzten. Sie landeten vor einem schiefen Friesenzaun, der früher wohl mal weiß gestrichen worden war. Doch Schmutz und grüne Algen ließen seinen eigentlichen Grundton nur erahnen. Ein mit Moos bedeckter Bruchsteinweg führte zu einem alten Haus. Neben der dunklen Haustür hing eine etwas rostige Dreizehn.

„Hier muss es sein. Es ist besser, wenn ich schon vorher absteige. Wer weiß, wie die Rots auf dich reagieren?“, hatte Wolf seinem blauen Freund ins Ohr geflüstert.

Klebatt hatte zustimmend mit seinem Kopf genickt.
Der Junge öffnete das quietschende Gartentor, als sein Freund bereits über dem Dach des Hauses den Wolken entgegeneilte. Schnurstracks ging Wolf auf die schwere Eingangstür zu. Nur ein kurzer Blick auf die Fassade reichte aus, um die zahlreichen kleinen Risse im Mauerwerk zu bemerken. Von den Fensterrahmen platzte die braune Farbe an vielen Stellen ab. Hinter einem Fenster hatte der Junge ein Gesicht gesehen. Er konnte es nicht genau erkennen, denn die Glasscheiben waren so milchig, dass jeder Blick verzerrt wurde. Trotzdem war sich Wolf sicher, Sabine erkannt zu haben.
Der Junge hatte die Suche nach dem Klingelknopf noch nicht abgeschlossen, da öffnete sich bereits die hölzerne Eingangstür. Ihm gegenüber stand Sabine.
„Hallo, Wölfi!“, grüßte sie in ihrer gewohnten Art. Ohne den Gegengruß abzuwarten, ergänzte sie: „Deinen blauen Freund hättest du ruhig mitbringen können.“
„Ihr kennt Kleblatt?“
„Natürlich, wir lesen doch den Magierexpress!“

Mit dieser Antwort konnte Wolf eigentlich nicht viel anfangen. Doch seine Aufmerksamkeit wurde nun auf die Frau gelenkt, die die Diele betrat und auf den Jungen zukam. In dem mit dunklem

Holz vertäfelten Raum hingen unzählige Büschel mit Gräsern und Kräutern von der Decke.
„Die Kräuterhexe“, Sabine lachte bei diesen Worten, „meine Mutter.“
Eine Frau mit roten Spaghettihaaren auf dem Kopf stand vor Wolf. Die strähnigen Haare umrankten wie ein dicker Efeuteppich das kleine Gesicht, obwohl der größte Teil des roten Gewächses zu einem Zopf nach hinten gebunden war. Zwischen zwei schwarzen Knopfaugen ragte eine riesige Hakennase hervor.
„Eine waschechte Hexe!“, lachten beide rotschöpfigen Wesen laut los.
Natürlich hatte der Junge sich so eine richtige Hexe vorgestellt, dicke verfilzte rote Haare und dicke Hakennase. Doch jetzt stand er etwas verwirrt den Frauen gegenüber.
Mit zwei Griffen und den Worten „dies ist keine Hexerei“ hatte sich Sabines Mutter die zauseligen Haare vom Kopf gerissen und die Hakennase abgestülpt. Zurück blieben rote kurze Haare und eine Nase, die nichts Außergewöhnliches verriet. Wolf stimmte ins Gelächter mit ein. So endete diese kleine Vorstellung.
Gemeinsam betraten sie einen großen Raum. In der Mitte stand ein langer Eichentisch, um den viele mit unterschiedlichen Schnitzereien verzierte Stühle standen. Bücher über Bücher füllten die Regale, die alle Wände bis unter die Zimmerdecke verstellten. Nur in einem Fach waren keine

Bücher oder Zeitschriften abgelegt, sondern eine weiße Figur blickte herunter. Ein weißes Wesen, das einem Pferd ähnelte, doch es trug ein langes spitzes Horn.
„Das ist ein Einhorn, es ist das Symbol für die Magier des Lichts“, erklärte Sabines Mutter. Die Kinder setzten sich gemeinsam an eine Seite des Tisches. Sabines Mutter hatte Kekse und Saft aus der Küche geholt und neben die gläserne Kugel direkt vor sie gestellt. ‚Drachenblut‘ stand auf der Flasche mit dem dunkelroten Getränk. Das Etikett zierte ein Feuer speiender Drachen, unter dem der Satz zu lesen war: ‚Der starke Saft, der Kräfte schafft!‘
„Er heißt Drachenblut, weil der Saft so aussieht. Ich glaube, es ist aber normaler Traubensaft drin“, versuchte Sabine den Jungen zu beruhigen.
„Kenn ich doch. Der bringt richtig Kraft“, lachte Wolf bei seinen Worten.
Während die Kinder an ihrem roten Getränk nippten, begann Sabines Mutter zu erzählen:
„Wir sind eine alte Hexenfamilie, viele Generationen. Doch es gab Zeiten, da ging es heiß her, einige sind gescheitert, du verstehst?“
Wolf schüttelte verneinend seinen Kopf.
„Hexen wurden auf dem Scheiterhaufen verbrannt. Mit ihrem Wissen halfen sie gerade den Ärmsten, die oft Krankheiten und Seuchen zum Opfer fielen. Durch die Heilkünste waren Hexen anerkannt bei den Ärmsten und verhasst bei den

bösen Mächtigen. Deshalb flüchteten meine Vorfahren aus Höhlensaal bis in die Grafschaft. Sie landeten hier in Dainhofen, wo sie sicher waren. Seit dieser Zeit wohnt meine Familie hier am Rande des Felsenmeeres. Ein magischer Ort."
Wieder schaute Wolf sie fragend an.

„Ich glaube, ich beginne, dir die Grundkonstellationen zu erklären. Unsere Erde ist ein großes Schachspiel. Du kennst Schach?"
Der Junge nickte. Sein Vater hatte ihm einmal die Grundregeln erklärt.
„Unsere Erde ist wie ein Schachbrett in Felder eingeteilt. Auf diesen Feldern stehen sich schwarze und weiße Figuren gegenüber. Jede Seite ist bemüht, ein Feld zu erobern. Seit ewigen Zeiten wurde das Gleichgewicht zwischen Weiß und Schwarz so bewahrt, mal ging ein Feld verloren, mal wurde eines dazu gewonnen. Doch seit einigen Jahren spitzt sich die Situation für die weiße Seite zu. Viele Felder gingen an die schwarze Magie verloren. Nun wollen die Mächte des Bösen zum großen Entscheidungsschlag ausholen und unsere Welt in ein schwarzes Loch stürzen. Die große Entscheidung soll hier am Felsenmeer ausgefochten werden. Wenn du Augen und Ohren weit geöffnet hast, dann bemerkst du, wie das Böse sich langsam ausbreitet und sich festbeißt."
Wolf hatte diese Beobachtungen bereits gemacht und erzählte von den merkwürdigen Fernsehsen-

dungen und natürlich von dem Besuch des schwarzen Ritters.
„Der schwarze Ritter hat im Alkoholrausch seine Seele an das Böse verloren. Er hatte sich in seine Rothenburg zurückgezogen und Spaziergänger mit bösem Spuk zu erschrecken versucht, doch selbst die Kinder lachten schon über ihn. Aber seit der Herrscher der Finsternis, der tasmanische Teufel, dieses Gebiet für die Entscheidungsschlacht auserwählte, hat er dem Ritter starke Kräfte verliehen. Der schwarze Ritter von der Rothenburg soll dank der neu verliehenen Kräfte die Ankunft des Bösen vorbereiten. Von ganz unten, Down Under, reisen der tasmanische Teufel und sein Gefolge zu uns ins Sauerland."
Sabines Mutter hatte diese Worte noch nicht beendet, da begann die vor ihnen auf dem Tisch stehende Kristallkugel zu leuchten. Das Glas bildete die Erdkugel auf ihrer Oberfläche mit Wäldern, Bergen und Flüssen in 3-D-Optik ab. Unten war nach oben gekehrt, sodass die Betrachter genau auf den Australischen Kontinent blickten. Auf einer Insel neben dem großen Australien leuchtete rot die Schrift ‚Tasmanien'.
„Dies ist die Heimat des Tasmanischen Teufels", erläuterte Sabines Mutter und schon erschien auf der Kristallkugel eine Schrecken einflößende Gestalt. Ein großer Kopf saß auf einem eher kleinen Körper. Blutrot leuchtete das vernarbte Gesicht, aus dem gelbe Augen stachen. Zwei lange Eck-

zähne ragten aus dem Mund heraus. Graue Bartstoppeln bedeckten das kantige Kinn. Dünne graue Haare fielen lang vom Kopf auf seine Schultern. Doch eines konnten diese Haare nicht verbergen. Wolf konnte beim Anblick nur mit Mühe das Lachen unterdrücken. Knallrot leuchtende, riesige Segelohren schoben sich durch die Haare.

„Wolf, wenn du ihn jemals persönlich treffen solltest, darfst du keinesfalls über seine komischen Ohren lachen. Du musst dich dann wirklich beherrschen. Dein Lachen wäre die schlimmste Schmach für den Herrscher des Bösen und für dich das Todesurteil. Im günstigsten Falle würde er dich mit einem schrecklichen Fluch belasten."

Das Bild des dunklen Herrschers begann zu flackern. Zurück blieb eine dunkle Glaskugel.

„Manchmal haben wir hier Empfangsstörungen. Ach so, du kennst es ja wahrscheinlich nicht", sie schaute in die fragenden Augen des Jungen. „Das ist Hexmagnet, so etwas wie das Internet für Hexen und Magier, das Hexen-Magier-Netz. Informationen werden durch Gedanken in Sekunden durch die Welt getragen, Bilder, Sounds und auch Gerüche. Gute und böse Kräfte, alle sind sie in dem großen Netzwerk MagieVZ."

„Dieser modrige Geruch vorhin, der stammte vom ..."

Schon ergänzte Sabine Wolfs Worte mit: „Ganz richtig, so riecht das Böse, der tasmanische Teufel, schwefelig und moderig."
Nachdem Sabines Mutter inhaltlich abgeschweift war, kehrte sie zu ihrer eigentlichen Erzählung zurück.
„Lange ist es her, das Felsenmeer existierte noch nicht. An derselben Stelle befand sich nur eine große Lichtung. Die weißen und die schwarzen Ritter standen sich damals gegenüber, um, wie es zu jener Zeit üblich war, mit Schwert und Schild dieses Feld zu erobern. Die weißen Ritter fühlten sich sicher, denn sie hatten genau an jener Stelle ein neues Erz gefunden. Aus diesem Erz gewannen sie ein bisher nicht bekanntes Metall. Es war viel härter als alle bisher verwendeten Werkstoffe. Ihre neuen Schwerter waren so scharf, dass man mit ihnen Haare spalten konnte, und dabei zugleich unzerbrechlich. Die beiden Parteien hatten sich an den jeweiligen Rändern des Feldes in Formation aufgestellt. Ein lauter Signalton aus einer riesigen Tuba sollte die Kämpfer aufeinander zu marschieren lassen. Doch dann bemerkten die weißen Ritter, dass die schwarzen Kämpfer gegen das Reglement verstoßen hatten. Die bösen Mächte hatten schwere Wurfmaschinen in Stellung gebracht, die mit riesigen Felsbrocken bestückt worden waren. Aufgrund der drohenden Gefahr zogen sich die weißen Ritter zurück, um aus der Reichweite der Geschütze zu gelangen.

Deshalb rückten die schwarzen Ritter vor. Sie zogen ihre schweren Katapulte mitten aufs Feld. Doch wie ein Wunder gab die Erde unter der großen Last nach. Die böse Streitmacht stürzte tief ins Innere der Erde. Sie wurde begraben von ihren selbst mitgebrachten Felsbrocken. Denn genau an dieser Stelle hatten die weißen Ritter gegraben, um die Erze für ihre neuen Waffen abzubauen. Die Erde hätte die Parteien getragen, aber unter der Last der mit Felsbrocken schwer beladenen Katapulte gaben die Stützbalken der Stollen nach und die Erde verschluckte das Heer der schwarzen Ritter. Und was blieb? Ein großer Kessel übersät mit Felsbrocken, das Felsenmeer, ein Zeichen für die größte Niederlage der bösen Mächte. Der schwarze Ritter von der Rothenburg führte sein Heer ins Verderben. Er überlebte schwer verletzt. Sein linker Arm wurde steif. Doch viel schlimmer lastete die Verletzung seines Stolzes. Seit dieser Niederlage hegt er nur noch ein Ziel, an jenem Ort die Kräfte des Lichtes zu vernichten. Diesem Ziel fühlen sie sich nah und wollen die Entscheidung schon bald herbeiführen. Auch die weißen Mächte müssen sich rüsten. Aus diesem Grund versucht der Gesichtslose, alle Kräfte des Lichtes zu mobilisieren. Auch ihr, Wolf und Sabine, sollt nun auf diesen Tag vorbereitet werden."

An jenem Nachmittag hatte Wolf sehr viel erfahren. Ziemlich spät war es geworden. Sein vierbeiniger Freund Kleblatt wartete bereits vor dem Haus.

„Jetzt aber flugs nach Hause“, hatte Sabines Mutter Wolf kurz aufgefordert. Schon saß der Junge auf dem Rücken seines Pferdes. Schnell waren die winkenden Frauen nur noch zwei kleine Punkte. Dann verschwand auch das Haus aus seinem Blick. Sie tauchten in die Wolken ein. Bereits nach wenigen Minuten war die kurze Reise beendet. Sein blauer Freund setzte ihn daheim ab und verabschiedete sich durch ein kurzes Wiehern.

## 9. Kapitel
## In Zauberhaft

Seinen Eltern hatte Wolf kurz eine gute Nacht gewünscht, um sich nur noch müde in sein Bett fallen zu lassen. Doch nach dem Zähneputzen öffnete er die Glastür vor seinem Zimmer, um auf dem kleinen Balkon die abendliche Sommerstimmung in sich aufzunehmen. Fast automatisch schaute er in Richtung Hölletal. Ein merkwürdiges Grollen war zu vernehmen. Feuerblitze durchzuckten den Himmel. Immer wieder im Wechsel - Feuerblitze und lautes Grollen - zeigte sich das Schauspiel an einer Stelle am Himmel, ohne seine Position zu verändern.

Seltsam, keine einzige dunkle Wolke am Himmel. Es ist auch überhaupt nicht drückend schwül! Nein, es ist eher angenehm warm heute Abend. Ein merkwürdiges Gewitter! Wirklich nur ein Gewitter? Wolf war in Gedanken und hegte Zweifel daran, dass es nur eine sommerliche Wetterlage war. Dieses Spektakel findet direkt über dem Hölletal statt. Es muss in der Nähe von Zwei-Eulen sein. Vielleicht ist es direkt vor unserer Schulhöhle? Bei diesen Gedanken fühlte der Junge eine große Anspannung in sich. Er musste sofort wissen, was dort vor sich ging. Die Müdigkeit in dem Jungen war wie weggeblasen. Wolfs Gedanken musste sein Freund Kleblatt wohl vernommen haben, denn aus der Weite der abendlichen Dämmerung erschien am Himmel das blaue Pferd. Wolf zögerte keine Sekunde, sich auf den kuschligen Rücken zu schwingen. Der Junge wollte, nein, er musste sofort dieses Rätsel klären. Im wilden Galopp ging es in die Höhe immer entlang des kleinen Hölleflusses. Aufmerksam beobachtete Wolf die regelmäßig wiederkehrenden Feuerstöße. Nein, das waren gewiss keine Gewitterblitze. Riesige Feuerstöße schienen den Himmel zu fluten. Blaue, gelbe und rote Flammen loderten am Horizont. Vorsichtig näherten sich die beiden durch die Lüfte dem Ort des Geschehens, der ganz in der Nähe der Schulhöhle liegen musste. Plötzlich verdunkelte sich der Himmel über den Reisenden. Riesige Flugkörper kreisten über ihnen und näherten sich bedrohlich. „Das sind Flugdrachen! Feuerspeiende Drachen! Wir müssen runter!“, rief Wolf warnend aus. Schon schoss ein riesiger Feuerstoß an ihnen vorbei. Im Sturzflug ging es der Erde entgegen. Dicht über dem Boden war der Junge abgesprungen und rollte sich in die dichten Sträucher. Laut donnerte die Luft, die die großen Ungeheuer durch ihre Nüstern strömen ließen, um sie dann als Feuer aus ihren Mäulern wieder herauszustoßen. Immer wieder zischten die Flammen hell durch die Dunkelheit. Schnell wurden die Flammen kleiner und das Donnern leiser. Die Drachen waren also seinem fliegenden Freund gefolgt. Doch Angst hatte Wolf nicht, denn er war sich sicher, sein Freund würde die Verfolger abhängen. Der Junge musste sich langsam an die Dunkelheit gewöhnen, um sich orientieren zu können. Er stand inmitten des dunklen Waldes. Nach einigen Schritten, Wolf tastete sich langsam von Baum zu Baum, bemerkte er Lichter in der Ferne, die durch das dichte Gehölz schimmerten. Noch vorsichtiger setzte er einen Fuß vor den anderen, um jedes noch so kleine Geräusch zu vermeiden. Doch jeder kleine Zweig, der unter seinem Gewicht zerbrach, erschien in der Stille des Abends wie kleiner Donner. Aus den Lichtpunkten wurden flackernde Feuer, die Umrisse von Gestalten erkennen ließen. Der Junge stolperte über ein Hindernis. Fast fiel er über ein kleines rotes Dreieck, ein Achtung-Schild, das im inneren weißen Kern die Inschrift trug:

‚Vorsicht!
Hier bei Nacht
vor Gestalten der bösen Macht.‘

Wolf hatte zwar schon geahnt, dass sich hier um diese Zeit keine guten Kräfte versammeln würden, doch die Warnung rief ihn zur äußersten Vorsicht auf. Tief gekauert schlich er behutsam voran, Sträucher und Bäume als Schutz ausnutzend. Auf diese Weise kam er nur langsam weiter. Nach einiger Zeit war Wolf an einen Ort gelangt, der durch einen stachligen Busch gut abgeschirmt wurde, ihm aber dennoch genügend Durchsicht bot, um das Treiben und die merkwürdigen Personen genauestens zu beobachten. Vor seinen Augen lag ein ihm nicht unbekannter Ort, die Schulhöhle. Daneben konnte er die Aufschrift auf dem Schild über der kleineren Felsöffnung erahnen: ‚Besenkammer'. So war es also, am Tage trafen sich die Mächte des Lichts und in der Nacht die Kräfte der Finsternis. Getrennt wie Tag und Nacht, doch sie berührten sich in der Dämmerung.

Zwei riesige Gestalten mit bulligen Köpfen gingen auf dem Vorplatz der Höhle langsam auf und ab. Jeder ihrer Schritte ließ den Boden unter ihren Füßen erbeben. Wolf spürte die Erschütterungen, doch in der Entfernung war es nur noch ein leichtes Zittern, als würden diese Gestalten selbst der Erde Angst einflößen. Diese Riesen hielten Ketten in ihren Händen, an deren anderen Enden Zähne fletschende Wölfe zerrten. Das waren keine normalen Wölfe, wusste der Junge sofort, Werwölfe, blutrünstige Werwölfe, die Schrecken der dunklen Nacht. Diese Biester waren nur wenige Meter vom Versteck des Jungen entfernt. Aber was sollte ihm in seinem Versteck schon widerfahren. Er würde seelenruhig liegen bleiben, solange bis der ganze Spuk vorüber war, bis der neue Tag Licht in diese dunkle Sache brächte. Andere Gestalten packten Gegenstände aus Kisten. Anschließend verschwanden Träger und Last in die Höhle.

Wolf beobachtete dieses Treiben.

Doch dann fuhr ein fürchterliches Jaulen durch die Glieder des Jungen. Die Werwölfe hatten ihre Köpfe himmelwärts gerichtet und ihre riesigen Mäuler weit geöffnet, wie elfenbeinfarbene Dolche überragten die Eckzähne den Rest des kräftigen Gebisses. Hoffentlich haben sie nicht meine Witterung aufgenommen! Dieser schrecklicher Gedanke schoss durch den Kopf des Jungen. Lange konnte er sich nicht damit auseinandersetzen, denn ein weiteres lautes, ihm unbekanntes Geräusch gesellte sich zu dem Wolfsheulen. Es hörte sich an wie das Wiehern eines Pferdes. Und ehe Wolf die Laute deuten konnte, erschien ein Pferd vor ihm, schwarz und sehr groß. Wild warf der Rappe seinen Kopf abwechselnd nach links und rechts oder oben und unten. Auf dem Rücken trug das Tier eine schwarze Rüstung. Wieder spürte Wolf die extreme Anspannung in seinem Körper, Schweißperlen tropften von seiner Stirn. Der schwarze Ritter war eingetroffen. Zwei in dunkle Umhänge gehüllte Gestalten halfen dem in seinem schwarzen Blech ungelenk erscheinenden Ritter, vom Rücken des Pferdes zu steigen. Diese Szene ließ den Jungen fast schmunzeln und die Gefährlichkeit der ankommenden Person fast vergessen. Mittlerweile waren noch andere Gestalten eingetroffen. Der Platz füllte sich mit der Zeit. Auf irgendetwas oder irgendwen schien diese mysteriöse Ansammlung der Finsternis noch zu warten. Auch Wolf wartete. Doch nichts passierte, gar nichts. In dem flackernden Licht der Feuer erschien die gesamte Situation unwirklich. Alles war fast schon wie ein Traum. Wolf kämpfte gegen die Müdigkeit. Seine Augenlider wurden schwer. Mit Mühe unterdrückte der Junge ein Gähnen.

Doch dann spürte er einen festen Griff in seinem Nacken. Ein Gewicht auf seinem Rücken drückte Wolf zu Boden.

Laut schrie der Junge auf: „Mein Gott!"

Jetzt haben mich die schwarzen Gesellen erwischt, schnellten die Gedanken durch seinen Kopf. Ich bin verloren. Doch Wolf gab sich nicht auf. Mit all seinen Kräften versuchte er, die sich an seinem Hals festkrallende Last abzuwerfen. Die Kehle wurde ihm zugedrückt. Der Junge schnappte nach Atemluft. Wolf, sei stark. Er kämpfte mit allen Kräften. Mit einem Ruck stand Wolf auf und warf seine Last ab. Neben ihm auf dem Waldboden sah er eine kauzige Gestalt mit grünbraunem Körper. Wolf war über diesen Anblick erstaunt. Was ist das denn?

Ein lautes Gelächter hallte im Wald wider und dieses Männchen schrie laut: „Schabernack, nur ein Schabernack. Ich heiße so, wie ich bin, Schabernack." Wieder hallte lautes Gelächter.

Dieses Mal wurde es aber von lautem Jaulen übertönt. Verdammt, die Werwölfe, ich muss hier schnell weg, dachte der Junge bei dem Furcht einflößenden Geräusch.

Schabernack war vergessen, jetzt saß die Angst in seinem Nacken. Wolf drehte sich in Richtung Gefahrenquelle, um die Situation richtig erfassen zu können. Nein, was machen die denn? Gerade lösten die Riesen die jaulenden Bestien von den Ketten. Automatisch setzte sich der Junge in Bewegung. Lautes Knurren, grollende Geräusche und ein hetzendes Hecheln näherten sich unaufhaltsam. All seine Kraft setzte Wolf in seine Füße. Immer schneller wurden seine Schritte. Doch die Meute ließ sich nicht abhängen. Heiße Winde spürte er in seinem Nacken. Der Atem der Verfolger, dachte er verzweifelt, ich schaffe es nicht. Im Laufen richtete Wolf fast schon flehend einen Blick in den Himmel, doch von seinem fliegenden Freund war keine Spur. Die Strafe für diese Unachtsamkeit folgte auf dem Fuße. Eine weit auslaufende Baumwurzel ließ ihn straucheln. Dann verlor der Junge das Gleichgewicht. Eine kurze Zeit kämpfte er noch, doch es folgte unausweichlich der Sturz. Zwischen Laufen und Fallen erschien eine merkwürdige Gestalt in Wolfs Gesichtsfeld, ein alter weißhaariger Mann in der Größe eines Kleinkindes. Dieser Mann stützte sich nach vorn gebeugt mit seiner rechten Hand auf einen hölzernen Stab. Seine linke war in einer stetig winkenden Bewegung, zu der eine heisere Stimme erklang: „Komm hierher, die Gänge meines Königreiches werden dir das Leben retten, denn die Gänge sind zu eng für diese

Bestien. Doch alles hat seinen Preis. Jede Flucht kostet Zeit."
Ohne nur einen Gedanken zu verschwenden, folgte der Junge dem alten Mann durch die dunklen Gänge. Der Knauf des Stabes war ein roter Stein, der helles Feuer zu sprühen schien und den beiden den Weg erhellte. Glitzernde Fäden hingen von der Höhlendecke wie Sterne am nächtlichen Firmament. Ihr Licht spiegelte sich auf dem feucht glänzenden Boden wider. Schmale Gänge, große Kuppeln mit glitzernden Punkten, kleine Seen, die bunt das Licht brachen, Felsen, die Schatten warfen, immer weiter folgte der Junge dem kleinen Mann mit dem leuchtenden Stab in das unbekannte Reich. An einer kleinen Abzweigung blieb der Weißhaarige stehen und blickte tief in Wolfs Augen. Seine spröden, rissigen Lippen formten das Wort: „Zauberhaft!"
Zauberhaft, dachte der Junge unbekümmert, diese Welt ist einfach zauberhaft.
„Zauberhaft", wiederholte der alte Mann in einem merkwürdigen Ton. Seine Augen schienen fast so rot zu leuchten wie der Stein auf seinem hölzernen Stab.
Der Junge erschrak. Aus diesem Labyrinth von unzähligen Gängen und der alles einschließenden Dunkelheit würde er nie wieder ans Tageslicht gelangen. War er den Bluthunden der Finsternis entwischt, um Gefangener eines ihm unbekannten Zaubers zu werden? War es ein Bann, der ihm

seine Freiheit nahm? Zauberhaft. Saß er nun in Zauberhaft?

Einen Moment lang schauten sich beide Kreaturen stumm in die vom Licht des Steines rot gefärbten Gesichter. Die weit nach unten gezogenen Mundwinkel des Alten formten schon fast ein Lächeln. „Nein, ich werde dir nichts Böses tun. Ich werde dir helfen, soweit es in meinen Mächten steht."

Erleichterung stand im Gesicht des Jungen geschrieben, nein, es waren einfach sechs dicke Buchstaben, Freude. Denn nun war sich der Junge sicher, dass er gerettet war. Er hätte gern mehr über dieses seltsam wirkende Männchen erfahren, doch an irgendeiner der zahlreichen Einmündungen und Kreuzungen im Gängeknäuel hatte der Junge seinen Retter verloren.

Einen Hinweis hatte der alte Mann Wolf noch gegeben. Die heisere Stimme blieb in seinem Ohr: „Mit einem Dreh ist sie zurück, die Zeit. Dreh dich und die Zeit zurück."

Ziemlich wirr erschienen dem Jungen diese Worte. Vielleicht hatte sein Ohr sie nicht richtig wahrgenommen. Der Junge folgte dem kleinen Licht am Ende des Ganges. Das Licht eines neuen Tages erwartete ihn und die Erde spuckte Wolf wieder an ihre Oberfläche.

Wie viel Zeit mochte vergangen sein? War es eine Nacht oder zwei? Er wusste es nicht. Der Wald vor der Höhle schien der alte geblieben zu sein. Da Wolf die Orientierung wiedergewinnen wollte, suchte er die Umgebung mit seinen Augen nach markanten Punkten ab, um seine Erinnerung zu wecken. Doch diese schien noch sanft zu schlafen, bis, bis er den unvergesslichen Rotton durch die Zweige eines Busches leuchten sah. Mit großen Schritten näherte sich Wolf dem roten Punkt. Keinen Moment lang hatte er gezweifelt. Die roten Haare konnte man nicht vergessen. Aber was suchte Sabine denn in diesem Busch? Oder sollten wir besser fragen: Wen suchte sie an diesem Ort im Wald?

Ein morscher Zweig knackte laut unter Wolfs Fuß. Der Junge hatte gerade die Worte zusammengesucht, um seine Freundin zu begrüßen. Doch Sabines schriller Schrei, der Mark und Knochen durchdrang, ließ den Jungen nur wie angewurzelt stehen bleiben. Wolf drehte sich um. Er suchte vergebens nach einer möglichen Gefahr.

„Was ist geschehen?“, waren seine ersten Worte an Sabine.

„Was ist geschehen?“, wiederholte sie. „Was ist geschehen? Das muss ich dich fragen!“ Nach einer kurzen Pause ergänzte sie: „Fast hätte ich dich nicht erkannt.“ Wieder folgte ein kurzes Schweigen. „Eigentlich weiß ich nicht recht, ob du es wirklich bist. Deine Haare sind schneeweiß und deine Haut wirft Falten. Du siehst heute ganz schön alt aus.“ Bei dieser schnippischen Bemer-

kung grinste sie kurz, doch dann wurde ihr der Ernst der Lage bewusst.
Sabine kramte in ihrem roten Ledersäckchen, das sie gewöhnlich an langen Riemen auf dem Rücken trug. Einen kleinen runden Klappspiegel zog sie aus dem für den Jungen unverständlichen Krimskrams-Chaos hervor. Beide wussten, dass man mit Sonnenlicht und diesem Spiegel über große Entfernungen Zeichen geben könnte. Doch jetzt standen sie direkt nebeneinander. Sabine klappte den runden Deckel auf und hielt Wolf den Spiegel entgegen. Der Junge blickte gefasst in sein Abbild. Dann versuchte er, in dem Gesicht seiner Freundin zu lesen.
„Welche dummen Zaubertricks willst du denn jetzt ausprobieren? Ein ganz normaler Spiegel hätte es auch getan“, reagierte Wolf ärgerlich.
Nun wartete er auf eine Reaktion, hatte Sabines breites Grinsen erwartet und Worte wie „Wölfi, Scherz - nur ein Scherz“.
Nichts dergleichen folgte. Sabines Gesicht blieb versteinert. Ihre Augen schauten nachdenklich. Wolf begriff die Ernsthaftigkeit der Situation.
Dieses fremde Spiegelbild musste wirklich sein eigenes Abbild sein. Tiefe Furchen durchliefen sein Gesicht. Sein Haar hatte jede Farbe verloren. Schneeweiß leuchtete die kurze Haarbürste.
Heute sah er gewiss besonders alt aus, so seine Gedanken, dem Aussehen nach könnte er sein eigener Urgroßvater sein.

Was um alle Welt war mit ihm geschehen?
Die Antwort musste in der geheimnisvollen Höhlenwelt des alten Zwerges liegen.
In möglichst kurzen Worten schilderte der Junge seiner aufmerksamen Zuhörerin die Ereignisse, die zu dieser merkwürdigen Veränderung geführt haben mussten. Die letzten Worte waren bereits eine geraume Zeit verklungen, als Sabine immer noch nachdenklich in sich gekehrt schwieg.
Nervös tänzelte Wolf vor ihren Augen von einem auf das andere Bein. Irgendeine Antwort würde er doch von Sabine erwarten dürfen.
„Ich glaube", waren ihre ersten nachdenklichen Worte, die seine Anspannung eher noch verstärkten. „Ich glaube", setzte sie nach einer kurzen Pause fort, „der Schlüssel zu deinem Zauber liegt im Geheimnis des Zwergenkönigs. Ich selber bin ihm nie begegnet. Kenne ihn nur aus Erzählungen meiner Mutter und Oma. Es sind Geschichten, die seit Generationen in unserer Familie erzählt werden. Niemand kennt den Ursprung, ihre Quelle. Niemand weiß, welcher Teil die Wahrheit und welcher Teil Erfindung ist, um die Geschehnisse spannender und geheimnisvoller zu gestalten.
Jedenfalls soll vor langer Zeit hier irgendwo in der Nähe eine arme Bauerntochter gewohnt haben, die so schön war, dass Männer bei ihrem Anblick den Verstand verloren haben. Das war wohl die hübsche Schwester von Model Eva Padberg."

Der letzte Satz wurde durch ihr typisches breites Grinsen untermalt.
„Diese Bauerntochter hütete Tag für Tag eine Herde Ziegen, können auch Schafe gewesen sein. Um es abzukürzen ...“
An dieser Stelle nickte Wolf auffallend zustimmend.
„... eines Abends war eines ihrer Tiere verschwunden. Sie suchte es überall, konnte es jedoch nirgendwo finden. Sie hätte die Suche bereits aufgegeben, als hinter einem Felsen ein alter weißhaariger Mann in Zwergengestalt erschien. In seinen Armen hielt er das verlorene Tier, gab es ihr wortlos zurück und verschwand zwischen den Felsen in einer engen Öffnung. Von diesem Tag an erschien der Zwerg jeden Tag mit kostbarem Schmuck für die Schöne. Es war ein Ritual begleitet von seinen Worten: „Ich bin der König des Zwergenreiches und lege deiner Schönheit meine Reichtümer zu Füßen.“
Mit jedem Erscheinen beschenkte er die junge Frau mit Ringen und kostbaren Goldketten, doch die Schöne hatte nur einen Wunsch, einmal wollte sie dem Zwergenkönig in sein unterirdisches Reich folgen und seine geheimnisvolle Welt sehen. Doch ein jedes Mal wurde ihr Wunsch abgelehnt. Aber an einem sonnigen Frühlingstag ließ sich der König der Zwerge durch das hartnäckige Flehen erweichen. Er winkte ihr zu und so stieg sie in sein Reich hinab. Der König führte sie

langsam durch das dunkle Labyrinth, gestützt auf einen verzierten Stab aus Elfenbein. Der rote Knauf leuchtete und tauchte die felsigen Wände in ein geheimnisvolles Licht.
Staunend wandelte das Mädchen durch die glitzernden Gänge immer tiefer in das unterirdische Reich. In einem riesigen Saal, der übersät war mit rot und grün glitzernden Steinen verlor sie ihren Führer aus den Augen. Einige Zeit irrte sie noch durch die dunklen Gänge, bis sie wieder das Tageslicht erblickte. Doch sie erblickte das Sonnenlicht als alte Frau. Ihre Schönheit und Jugend hatte sie zurückgelassen. Schneeweiß war ihr langes Haar. Falten formten ihre noch vor wenigen Augenblicken jugendliche Haut."
Nach einer kurzen Pause fügte Sabine hinzu: „Nichts ist kostenlos. Die Neugier kostete dem Mädchen Jugend und Schönheit."
„Ja", fiel Wolf Sabine spontan ins Wort. „Das waren die Worte des Zwergenkönigs. Nichts ist umsonst ..."
Es folgte nachdenkliches Schweigen. Sabine blickte eindringlich in die Augen ihres Freundes.
„Hat er noch irgendetwas zu dir gesagt? Erinnere dich, es ist wichtig!"
Wieder blickte Sabine energisch in Wolfs Augen, als wollte sie seine Erinnerung direkt anzapfen. Die Anstrengung, in seinem Gedächtnis eine Lösung zu suchen, stand förmlich auf seinem Gesicht geschrieben. Er suchte nach den Worten des

Zwergenkönigs und formte die Bruchstücke mit seinen Lippen nach. Diese ‚Trockenübung' sah urkomisch aus, weshalb Sabine auch damit kämpfen musste, ein lautes Lachen zu unterdrücken. Dafür hätte Wolf in seiner Situation gewiss kein Verständnis gehabt und kränken wollte sie ihren Freund auch nicht.

„Nichts ist umsonst …"

„Aber Wolf, hat der König der Zwerge denn nicht mehr gesagt? … Das kann uns weiterhelfen!"

Doch nach diesen ermutigenden Worten setzte ein nachdenkliches Schweigen ein.

Wolf konzentrierte sich, bis er wieder die heisere Stimme des Zwergenkönigs in seinen Gedanken hörte. „Mit einem Dreh ist sie zurück, die Zeit. Dreh dich und die Zeit zurück. Es waren nur wirre Worte eines alten Mannes. Diese Worte werden mir wohl kaum weiterhelfen."

Nur einen kurzen Augenblick verharrte Sabine in Schweigen, dann sprudelte schon ein Wortschwall aus ihrem Mund.

„Du hättest rückwärts die Höhle verlassen müssen!", jauchzte Sabine schrill ihre Lösung.

„Toller Tipp", war Wolfs emotionslose Antwort, „ich habe aber bereits die Höhle verlassen, wie du bemerken kannst!"

Da konnte Sabine wirklich nicht widersprechen. Bereits nach wenigen Augenblicken präsentierte sie ihren überarbeiteten Vorschlag.

„Du musst rückwärts in das Reich gelangen und rückwärts zurück in unsere Zeit. Dann sind die Rädchen deiner Lebensuhr wieder richtiggestellt, als wäre nichts geschehen.“
Sofort, ohne jeglichen Zweifel zu äußern, begann der Junge den Eingang in die Höhlenwelt zu suchen.
„Und wenn die Werwölfe bei meiner Rückkehr vor dem Eingang auf mich warten?“
„Wolf, du änderst nur deine Lebenszeit! Die Weltzeit bewegt sich im gewohnten Tempo fort. Es ist jetzt neun Uhr in der Früh. Du hast mindestens zwölf Stunden Zeit, bevor dich wieder Werwölfe jagen können.“
„Hoffentlich wissen das die Werwölfe auch“, bemerkte Wolf schnippisch.
Der alte Mann, der er nun war, verschwand hinter den Büschen. Da Wolf auch nach einigen Minuten nicht wieder vor Sabines Augen auftauchte, nahm sie an, dass Wolf den Eingang ins Reich der Zwerge gefunden hatte. Sie musste nicht lange auf dem Holzstumpf sitzend warten. Sabine hatte sich gerade bequem niedergelassen, als es erneut in dem Gebüsch raschelte. Mit einem Sprung und einem erwartungsvollen Blick stand ihr Freund wortlos vor Sabine. Er schwieg und Sabines Worte stürmten ihm entgegen: „Wurdest du in die Mangel genommen?“
Bei dieser Frage an Wolf verbreiterte sich ihr Mund zu dem typischen Grinsen. Die Sommer-

sprossen schienen aus ihrem Gesicht zu hüpfen. Wolf schaute völlig entgeistert.

„Mangel!“, bei diesem Wort prustete sie laut los. „Mangel! Du siehst ziemlich geglättet aus. Ein glatt gebügeltes Gesicht!“

Diese Worte wirkten wie ein riesiges Ventil, das mit lautem Zischen den Überdruck in Wolf entweichen ließ. Er konnte wieder lachen. Die Jugend hatte den Weg zurück in seinen Körper gefunden.

„Was ist denn genau passiert?“, wollte Sabine wissen.

„Jedenfalls hatte ich keine Mangelerscheinung!“, an dieser Stelle zog der Junge ein breites Grinsen auf.

„Mangelerscheinung?“

„Erscheinung einer Mangel! Du verstehst? Ich habe doch wieder ein glattes Gesicht!“

„Ach so, ein Wortspiel. Klar, dir ist eine Mangel erschienen und hat dein Gesicht geglättet. Mangeln, das kennt ja heute keiner mehr, so was wie bügeln. Spaß beiseite, was ist geschehen?“

Doch die Antwort fiel enttäuschend aus: „Ich weiß nicht, wie es genau geschehen ist. Ich habe deinen Rat befolgt. Rückwärts bin ich in die Höhle hineingestiegen und rückwärts habe ich diese wieder verlassen. Langsam vortastend bin ich über so manchen Stein gestolpert. Keiner Seele bin ich auf diesem Weg begegnet. Nach einer Weile entschloss ich mich, den Rückweg zu su-

chen. Außer Dunkelheit, Nässe und Kälte habe ich nichts bemerkt, keine Veränderung in mir gespürt. Aber jetzt bin ich hoffentlich wieder der alte ..." An dieser Stelle grinste Wolf und schaute seine Freundin genau an, bevor er mit seinen Worten fortfuhr: „... nein, besser der junge Wolf von vor dem Spuk des Zwergenkönigs."
Sabine nickte zustimmend, freute sie sich doch, dass ihr Freund frisch und runderneuert neben ihr stand.

## 10. Kapitel
## Wo ist Harry P.?

Aufregung hatten sie jetzt erst einmal genug. Aber die beiden ahnten, dass noch weitaus größere Abenteuer auf sie warteten.

Auf Sabines Besen oder besser gesagt ihrem neuen Turbo Mopp flogen die Freunde auf kürzestem Weg ihrer Heimat entgegen. Ruhig schlief der Wald unter ihnen, als hätte er vergessen, was er noch vor wenigen Stunden erlebt hatte. Der kleine Fluss schlängelte sich durch das enge Tal und wies ihnen danach durch Felder und Wiesen den Weg hinein in die kleine verschlafene Stadt.

Wolf hatte seine Gedanken erst jetzt von den aufwühlenden Ereignissen lösen können.

Wie würden Vater und seine Stiefmutter auf ihn warten? Sein Vater warf immer noch ein Blick in Wolfs Zimmer, bevor er selbst zu Bett ging. In jener Nacht war Wolfs Bett leer geblieben, das musste bemerkt worden sein. Welche Fragen und Vorwürfe würden dem Jungen entgegenschießen? Schließlich hatte Wolf sich für eine ganze Nacht ohne Ankündigung von zu Hause entfernt. Natürlich gab es einen triftigen Grund, aber genau diesen konnte er ja gerade nicht zu seiner Entschuldigung vorbringen.

Die Zeit verging wie im Flug, genauer gesagt wie im Sturzflug. Schon landeten die beiden auf ihrem ‚stielvollen‘ Fluggerät im kleinen Garten

des Reihenhauses. Ein kurzes Tschüs war eigentlich keine angemessene Verabschiedung nach diesen gemeinsamen Erlebnissen. Das kurze Wort war kaum verklungen, da hatte Wolf sich schon dem Haus zugewandt und Sabine gewann an Höhe. Wolf eilte um das Haus, das in der Morgendämmerung noch vor sich hinzudösen schien, genau wie seine Bewohner, denn kein Licht erhellte von innen die Fenster. Vorsichtig öffnete Wolf die Haustür. Es blieb keine Zeit mehr, um sich Ausreden zurechtzulegen. Die Spontanität sollte Regie führen. Und sie führte, aber anders als Wolf es wohl erahnte. Der Junge schlich durch den Flur, öffnete vorsichtig Wohnzimmer- und Küchentür, um hineinzuschauen. Irgendwo würden Vater und Stiefmutter auf ihn warten, aber keine Spur von ihnen. Vielleicht würden sie in Wolfs Zimmer sitzen. Der Junge schlich die Treppe hinauf. Doch auch in seinem Zimmer war kein Empfangskomitee auszumachen. Na ja, so war ihm für den Augenblick wenigstens eine Strafpredigt erspart geblieben. Müdigkeit und Erschöpfung ließen auch keine weiteren Gedanken mehr zu. Angekleidet ließ er sich auf sein Bett und in einen tiefen Schlaf fallen.
Bereits vor dem Klingeln des Weckers wurde Wolf durch die ersten Sonnenstrahlen aus seinem Tiefschlaf gerissen, hatte er doch vergessen, die Rollos herunterzuziehen. Hierüber etwas verärgert wälzte er sich auf seinem Bett hin und her,

bevor er beschloss, sich den Gegebenheiten zu fügen. Erst nach kurzer Zeit bemerkte Wolf, dass er voll bekleidet im Bett lag. Bei diesem Anblick dämmerte es ihm und die Bilder der Ereignisse der vergangenen Nacht erschienen vor seinen Augen. Mit einem Sprung stand Wolf vor seinem Bett, legte seine Kleidung ab und ging wie jeden Morgen ins Bad. Kein Geräusch war im Haus zu vernehmen. Das Duschwasser brachte Erfrischung. Auch die übrigen Bewohner des Hauses schienen endlich erwacht zu sein. Licht, Geräusche und der Geruch von frischem Kaffee zeugten vom morgendlichen Leben.

Beim Ankleiden war Wolf tief in Gedanken versunken. Was würden sein Vater und seine Stiefmutter zu seiner nächtlichen Abwesenheit bemerken? Wie sollte er sich rechtfertigen? Sollte er wirklich von den nächtlichen Geschehnissen berichten? Nein, wer sollte diese Geschichte schon glauben.

Langsam und fast lautlos war Wolf die Treppe hinuntergeschlichen, wie es sonst gar nicht seine Art war. Durch die halb geöffnete Tür betrat er die Küche.

„Guten Morgen, Wolf", waren die Worte seiner Eltern, die den Jungen fast gleichzeitig erreicht hatten. Wolf erwiderte einen kaum vernehmbaren Gruß und nahm am Küchentisch Platz, an dem bereits sein Vater saß. Wie üblich hatte dieser die Tageszeitung weit ausgebreitet und verdeckte so seinen gesamten Oberkörper. Ab und zu schien die Zeitung einige Worte auszustoßen: „Muss gestern ziemlich stürmisch im Hölletal gewesen sein. Ein trockenes Gewitter, Donner und Blitze, aber kein Regen. Sogar ein paar Bäume sind in Brand geraten.“ Dann verstummte die Stimme wieder, bis sie irgendein lokales Ereignis kommentierte.

Wolfs Stiefmutter stand an der Küchenarbeitsplatte und bereitete die Brote für den Tag vor. Wolf saß vor seiner Schüssel mit Milch und Cornflakes. Er stocherte nur darin herum. Der Junge hatte keinen Appetit, nein, er wollte nur aus seiner Anspannung befreit werden. Endlich sollten die erwarteten peinlichen Fragen auf ihn hereinprasseln.

„Wolf“, die Worte seiner Stiefmutter ließen seine Anspannung noch steigen. Eine unangenehme Wärme stieg in seinen Kopf.

„Wolf, was ist mit dir los?“

Diese Frage blieb unbeantwortet.

„Hast du denn nicht auf die Uhrzeit geachtet?“

Er hatte nicht auf die Uhrzeit geachtet. Die große Wanduhr bestätigte, es war spät, ziemlich spät. So wechselte plötzlich die Stille in eine wilde Hektik. Milch und Cornflakes wurden in den weit geöffneten Mund gebaggert. Dann verstaute Wolf die Butterbrote schnell und schlüpfte anschließend in Schuhe und Jacke. Nach kurzer Verabschiedung befand er sich auf seinem Schulweg.

Wolfs Vater hatte erst im letzten Augenblick eine Hand von der Zeitung gelöst. Die Zeitung knickte seitlich ein und öffnete den Blick auf das Gesicht seines Vaters. Mit der frei gewordenen Hand strich er über Wolfs Haar und nuschelte einige unverständliche Worte etwa von der Bedeutung: „Mach's gut, Indianer!"

Niemand, weder seine Stiefmutter noch sein Vater, hatte auch nur ein einziges Wort über seine nächtliche Abwesenheit verloren. Seine Stiefmutter ging gewöhnlich gegen Mitternacht zu Bett und warf dann immer einen Blick in das Zimmer des Jungen. Auch sein Vater kontrollierte beim Wechsel von der Couch ins Schlafzimmer stets noch einmal den nächtlichen Schlaf seines Sohnes. Seine Abwesenheit musste also bemerkt worden sein, blieb aber völlig unkommentiert. Dies war merkwürdig, höchst merkwürdig und beschäftigte Wolfs Gedanken auf seinem Weg zum Bahnhof.

Im kleinen roten Schienenbus saß Wolf direkt neben seiner Freundin Sabine. Gern hätte er die nächtlichen Ereignisse und das seltsame Verhalten seiner Eltern ausdiskutiert und den Rat seiner Freundin gehört, aber zu viele Ohren um sie herum standen auf Empfang. Wer weiß, in welch dunkle Kanäle die Worte fließen? So schwiegen die beiden schweren Herzens. Eine halbe Ewigkeit und noch ein großes Zeitstück mehr schien an diesem Tag die Fahrt hin zum kleinen Bahnhof im Hölletal zu dauern. Auch der anschließende Flug zur Schulhöhle hatte sich gefühlt verlängert. Doch dann standen sie vor dem Eingang ins Höhlenlabyrinth. Wolf suchte mit seinen Augen die Lichtung nach Spuren der nächtlichen Ereignisse ab. Doch kein einziger Hinweis war zu entdecken.

War alles nur ein böser Traum? Hatten deshalb seine Eltern ihn nicht zur Rede gestellt? Hatte der nächtliche Ausflug nur in seinen Gedanken stattgefunden?

Wolfs rechte Hand griff Sabines linkes Handgelenk, um sie etwas abseits hinter eine Gruppe von Büschen zu ziehen. Sabine schien die Wichtigkeit seines Handelns zu verstehen, denn sie leistete nicht den geringsten Widerstand. Die beiden hatten gerade das Gestrüpp erreicht, da begann bereits ein Redeschwall auf Sabine zu stürzen.

Sabine hatte nur kurz bestätigen können: „Nein, das war ganz gewiss kein Traum. Das Böse hat sich hier eingenistet. Das ist die bittere Wirklichkeit!“

Die letzte Wortsilbe wurde von einem lauten Eulenschrei übertönt, der den Beginn des Unterrichts signalisierte. Sabine hatte sich sofort in Richtung Höhleneingang in Bewegung gesetzt. Wolf folgte. So fand das kurze Gespräch ein abruptes Ende. Auch während des Unterrichts in der Hexenküche war der Junge mit seinen Gedanken noch bei den nächtlichen Geschehnissen. Die

Alchemistin, eine blasse, dürre Frau, versuchte bei der Unterrichtsvorführung ihr Bestes zu geben. Anerkennend wurde sie von den Schülern die Kräuterhexe genannt. Die anderen Mitschüler wie auch Sabine waren durch die Vorführungen gefesselt. Zaubercocktails wurden gemischt. Inhalte verschiedenster kleiner Fläschchen wurden zusammengeschüttet, geschüttelt und gerührt. Neue Farben entstanden, andere schienen zu entschwinden. Es brodelte und zischte. Rote Funken sprühten.

Und die Ergebnisse trugen Namen wie ‚Hallo-wach', ‚Grinsemilch', ‚Traumkleber', ‚Muttropfen', ‚Turboschluckauf' oder ‚K.O.-Mix'. Alle Tropfen und Tinkturen zeigten unterschiedliche Wirkungen und Einsatzmöglichkeiten. Der letzte Versuch führte zum frühzeitigen Abbruch der Unterrichtsstunde. Wieder sollten verschiedene Flüssigkeiten zu einem neuen Zaubertrunk gemischt werden. Alles zischte, dampfte und brodelte. Erst quoll die Substanz aus dem Gefäß, bedeckte dann den gesamten Tisch und tropfte schließlich auf den Fußboden, um von der gesamten Höhle Besitz zu ergreifen. Zu diesem Zeitpunkt wurde der Unterricht kurzerhand für beendet erklärt.

Ohne jedes unnötige Wort war den beiden Freunden klar, dass sie die Pause für einen Erkundungstrip nutzen könnten. Wolf entschied sich für einen kleinen Seitengang direkt neben dem

Unterrichtsraum, der in die Dunkelheit führte. Sabine folgte ohne ein Wort. Um so lauter begann Wolf nach einigen Metern zu fluchen: „Verdammtes Teufelswerk! Ich kann meine Hand vor Augen nicht mehr sehen, nur Dunkelheit ringsumher. Gleich werden wir über unsere eigenen Füße stolpern."
„Das ist gewiss kein Teufelswerk", entgegnete Sabine gelassen. „In Höhlen ist es nun einmal dunkel. Glaubst du, dieser Gang hat ein Glasdach?"
Jetzt konnte Wolf in das ihm bekannte breite Grinsen schauen, besser gesagt, soweit das Halbdunkel ein genaues Sehen zuließ.
Sabine begann unterdessen mit monotoner Stimme immer wieder dieselben Worte zu wiederholen: „Glimmre und schimmre, heller und heller, glimmre und schimmre, heller und heller ..."
Langsam wurde die Höhle in rotes Licht getaucht. Millionen dünner Fäden hingen von der Höhlendecke herab. Die Enden der Fäden begannen rot zu glühen.
Wolf staunte wortlos. So etwas hatte er zuvor noch nie gesehen.
Sabine erklärte voller Stolz: „Diesen Trick hat mir meine Mutter gezeigt. Eigentlich stammen diese Glühwürmchen aus Neuseeland. Wie sie hierher gekommen sind, weiß niemand."
„Gut, dass du weißt, dass diese Würmchen jetzt bei uns sind."

Wolf schluckte, stand da mit weit aufgerissenen Augen. Was war geschehen? Irgendetwas hatte ihm die Stimme verschlagen.
„Oh nein!“, kleidete Sabine ihr Erstaunen in einen Aufschrei. „Wolf, wir müssen weg hier!“, Sabine riss fest an Wolfs rechtem Arm. „Da vorn ist eine kleine Nische.“ Sabine klang aufgeregt.
Zwei Schritte später hatten sich die beiden schon in den Felsspalt gedrückt. Es verging keine Sekunde, da stürzte eine grüne Glibbermasse an ihnen vorbei.
„Was ist das?“, stieß Wolf überrascht aus.
Sabine schien ziemlich gefasst: „Das ist der Schleim des riesigen Ochsenfrosches, den du am Ende des Ganges gesehen hast.“
Wolf nickte. Ihm war eine gewisse Röte seines Gesichtes anzumerken, da es ihm peinlich war, beim Anblick der Riesenkröte wie angewurzelt dagestanden zu haben. Er räusperte sich, irgendwie hatte Wolf einen Frosch im Hals. Nein, keinen Ochsenfrosch, denn Wolf gehörte nicht zu denen, die den Hals nicht voll genug kriegen.
„Der grüne Schleim ist äußerst tückisch. Alle Dinge, die er berührt, verkleben sekundenschnell“, erklärte Sabine.
Dieser Schleim hatte dieselben Eigenschaften wie Angelikas Stampfkartoffeln, die zwar in der Regel nicht ganz so grün waren, aber mindestens genauso die Magenwände verklebten. Hätte ihn der Schleim getroffen, dann wäre Wolf wirklich

angewurzelt gewesen, dachte er bei den Worten seiner Retterin. Doch ihm wurde jetzt bewusst, dass sie sich immer noch in der Gefahrenzone der Riesenkröte befanden.
„Kröten, Quappen und auch Laich verschwinden jetzt in ihren Teich“, laut und bestimmt wiederholte Sabine diesen Satz dreimal. Danach sprang das Mädchen mit einem Satz, der diesmal nicht aus Worten bestand, in den Gang der Höhle mitten in den am Boden verteilten grünen Schleim.
„Pass auf!“, stieß Wolf eine vergebliche Warnung aus.
Wieder sah der Junge das ihm bekannte breite Grinsen. „Der Schleim ist längst knochentrocken und kann nicht mehr kleben. Das Fröschlein ist auch nach Hause gehüpft. Ein Zauberspruch zur rechten Zeit, der bringt halt manchmal Sicherheit!“
Das Ziel der eigentlichen Suche hatten die beiden zwar nicht gefunden, sie waren aber dennoch stolz, ihr kurzes Abenteuer gut überstanden zu haben. Hierbei ist zu erwähnen, dass Wolf gerade feststellte, dass es einige wichtige, sehr wichtige Farbtupfer in seinem Leben gab. Diese Farbtupfer sprangen ihm bei jedem breiten Grinsen förmlich entgegen, es waren Sabines Sommersprossen.
Als die Freunde ihre Klassenhöhle erreichten, schlug ihnen ein Stimmengewirr entgegen. Die Stimmen der Mitschüler verstummten, als sie Wolf und Sabine bemerkten. Alle Blicke richteten

sich nun auf Wuschi, der in der Mitte der Schülertraube stand. Wuschi, ein Junge, der seine Klassenkameraden um Längen überragte, eine lange Bohnenstange, an deren Ende ein wuschliger Rotschopf leuchtete, hielt einen kleinen Zettel in Händen. Nein, nicht wegen der Frisur wurde der Junge Wuschi genannt. Alles war viel einfacher. Er hieß Frank Wuschkowski. Dieser Name wurde einfach abgekürzt. Wie es seit Generationen schon üblich war, wurde aus Wuschkowski kurz Wuschi. Natürlich wollten Wolf und seine Begleiterin sofort erfahren, was da für eine Nachricht auf dem Zettel stand, die zu einer kleinen Panik im Klassenzimmer geführt hatte. Sie mussten nicht lange auf Antwort warten.

„Könnt ihr euch vorstellen, was passiert ist?", wandte sich Wuschi direkt an die Rückkehrer, die natürlich von alledem nichts wussten. „Dieser Zettel lag auf Harrys Platz."

Bei diesen Worten hielt er Wolf den Zettel entgegen. Harry saß in der Klasse normalerweise genau neben Wuschi. Doch Harry war in der gesamten Klassenhöhle nicht zu finden. Der Junge hieß eigentlich Klaus Töpfer. Es war der Sohn des Physiklehrers Töpfer, der Lehrer aus der Schulzeit jenseits der Ferienwelten. Da Topf nun mal in der englischen Sprache pot heißt, wurde aus Töpfer Potter. Zum Hausnamen Potter passt eigentlich nur der Vorname Harry. So wurde innerhalb weniger Sekunden aus einem etwas schmächtigen Jungen namens Klaus Töpfer der große Harry Potter. Wuschi hatte seinem Klassenkameraden gleich am ersten Schultag den neuen Namen verpasst und gleich laut herausgerufen. Lautes Gelächter war die Antwort der herumstehenden Schüler, die sich unter Harry Potter sicherlich nicht diesen für seine Altersgruppe etwas klein geratenen Jungen mit seinen Segelohren vorgestellt hatten. Doch es schien fast, als hätte der neue Namen ihn gleich einige Zentimeter wachsen lassen. Und aus dem ansonsten etwas schüchternen Jungen war offensichtlich ein Abenteurer geworden.

Wolf blickte auf den kleinen Zettel, den er von Wuschi erhalten hatte.

‚Ich rette gerade Wolf und Sabine. Bin bald zurück, Harry P.‘ stand in zackiger Schrift geschrieben.

Was war Harry bloß wieder in den Sinn gekommen?

„Jedenfalls“, seufzte Sabine, „müssen wir uns jetzt auf die Suche nach Harry machen.“

„Kröte, du hörst auf herumzuschleimen!“, hatte Wolf laut herausgeschrien.

Sabine blickte Wolf erschrocken an. Solche Worte hatte sie aus dem Mund ihres Freundes noch nie vernommen. Es war ganz still in der Klassenhöhle geworden.

„Ich habe doch“, Wolf dachte einen Moment nach, um die richtigen Worte zu finden, bevor er fortsetzte, „nur diese Kröte, besser gesagt, diesen Ochsenfrosch gemeint. Er soll sich unterstehen, wieder herumzuschleimen. Ich verabscheue Schleimer. Und dieser Frosch ist auch noch sehr gefährlich. Wir dürfen keine Zeit sinnlos verstreichen lassen."

Die Worte waren noch nicht ganz verklungen, da bewegten sich auch schon alle Schülerkörper in Richtung Höhlenausgang.

Nur ein lautes „Halt!" aus Wolfs Mund ließ die Gruppe noch einmal verharren. „Ihr kennt die Gefahren nicht ..."

„Ihr würdet sofort eine geklebt kriegen", fuhr Sabine Wolf keck ins Wort.

Ohne weitere Worte war allen klar, dass nur die beiden Freunde den Spuren von Harry P. folgen würden. Und dies war wörtlich zu nehmen, denn nach wenigen Metern bereits waren grüne Fußabdrücke deutlich zu erkennen, die weiter ins Innere der Höhle führten.

„Grüner Schleim auf dem Boden überall. Harrys frische Fußabdrücke sind klar erkennbar. Und doch hat der Kleber ihn offenbar nicht am Boden fixiert. Wie konnte er sich lösen? Es ist ja wie verhext!", gab Wolf seinen Gedanken laut freien Lauf.

„Und die Lösung ist", Wolf schaute in Sabines sommersprossiges Grinsen, die für wenige Sekunden ihre Antwort unterbrach, um die Spannung zu schüren, wie man ein Feuer durch Nach-

legen von Holzscheiten schürt. Man konnte es Wolf förmlich ansehen, wie es unter seinen Fingernägeln brannte. Sabine legte nach: „Und die Lösung ist keine Hexerei. Die Lösung ist die Lösung."
Das sollte die Antwort sein? Wolf schaute sehr genervt drein. Sabine schien ein noch breiteres Grinsen aufgesetzt zu haben, wenn eine Steigerung überhaupt noch möglich war. Doch nun wollte sie ihren Freund nicht länger auf die Folter spannen.
„Die Lösung ist die Lösung, ein Lösungsmittel."
Wolf schlug sich mit der flachen Hand vor seine Stirn. „Natürlich, hätte ich auch selbst drauf kommen können. Eigentlich sitzt der Geruch ja fest in der Nase!"
Es war ein beißender Gestank von Terpentin. Beide tasteten sich vorsichtig die Spur entlang weiter in die Höhle hinein. Zwar war der Schleim abgetrocknet und hatte seine Klebewirkung verloren, doch könnte ja plötzlich aus jedem Seitengang dieser Ochsenfrosch schleimen. Ein wirklich widerlicher Gedanke, auch noch gefährlich dazu. Mittlerweile hatte sie die Dunkelheit der Höhle so umhüllt, dass die Freunde die Spuren auf dem Boden nur noch erahnen konnten.

Sabine begann mit dem bekannten Ritual, mit monotoner Stimme immer wieder dieselben Worte zu wiederholen:

„Glimmre und schimmre, heller und heller, glimmre und schimmre, heller und heller ...“
Erneut wurde die Höhle in rotes Licht getaucht. Millionen dünner Fäden glühten rot wie die Sonne an einem herrlichen Sommermorgen. Dieses Mal versetzte Sabines Handlung Wolf nicht mehr in Erstaunen. Es erschien fast so gewöhnlich wie der Griff in der Dunkelheit nach dem Lichtschalter. Jetzt, da die Sicht freier war, hielt Wolf nichts mehr zurück, seine Schritte wurden schneller und schneller.
„Sei auf der Hut!“, zischte Sabine herüber.
„Wir haben keinen Hutmacher in unserer Familie“, ignorierte Wolf die Warnung. „Ich trage weder Hut noch Mütze. Aber vielleicht brauchst du eine Mütze Schlaf?“
Bereits Bruchteile von Sekunden später zuckte der Junge zusammen und blieb stehen, seinen Blick angestrengt ins Innere der Höhle gerichtet. Ein für ihn nicht definierbares Geräusch hatte er vernommen.
War das das Angriffssignal der Riesenkröte? Würde das Monster im nächsten Moment aus einem der verzweigten Höhlengänge hervorgehüpft kommen, um einen Schwall der grünen Glibbermassen auf die beiden zu spucken?
Jetzt war Wolf auf der Hut, suchte jeden Felsvorsprung ab. Auch Sabines Augen tasteten die Höhle ab. Angespannt standen beide nebeneinander, stets bereit mit einem Sprung einer grünen Flut-

welle auszuweichen. Die Augen hatten in der Weite des Ganges fast ihre Möglichkeiten ausgeschöpft, als Wolf glaubte, eine Gestalt zu erkennen. Umrisse waren kaum zu erkennen, so verharrte sein Blick auf diesem Punkt. Sabine hatte Wolfs Verhalten bemerkt, so versuchten auch ihre Augen das Bild zu entzerren. Nein, das konnte gewiss nicht der Körper eines Riesenfrosches sein! Und bei diesen im kurzen Takt ausgestoßenen Tönen konnte es sich nicht um Kampfsignale handeln. Es hörte sich vielmehr wie ein Jammern oder Weinen an. Einige Meter hatten sie sich der am Boden kauernden Gestalt genähert, da wurde die erste Annahme zur Gewissheit, ihre Suche war erfolgreich. Harry kauerte vor ihnen auf dem Steinboden. Der für seine Altersgruppe etwas klein geratene Junge hob seinen Kopf langsam in die Höhe. Dass leuchtende Fäden die Dunkelheit in der Höhle verjagt hatten, hatte er, von Angst und Resignation ergriffen, erst jetzt bemerkt. Doch dann siegte seine Neugier. Als Harry vier Füße erblickte, schnellte sein Kopf empor, sodass der für ihn zu große Helm, der auf seinem Kopf thronte, nach hinten rutschte und beinahe heruntergefallen wäre. Schnell waren die Tränen vergessen, ein Lächeln erfasste sein Gesicht. „Euch habe ich doch gesucht. Und, und jetzt habt ihr mich gefunden“, die Worte wurden von Harry fast gesungen, so glücklich schien der Junge über seine Rettung.

Sabine und Wolf nickten wortlos und musterten ihren Klassenkameraden ganz genau. Auf seinem Kopf saß dieser viel zu große gelbe Helm, an dessen Front eine große Grubenlampe montiert war, die jedoch kein Licht mehr spendete. Der Körper des Jungen war eingehüllt in einen weiten Trenchcoat, dessen Ärmel die Arme samt der Hände verschluckten.
„Gibt's den Mantel auch in deiner Größe?“, hätte Sabine normalerweise gefragt, doch in dieser Situation war ihr einfach nicht danach. Auf Harrys Rücken war ein großer Kanister geschnürt, aus dem verschiedene Schläuche bis zu seinen Schuhsohlen verliefen. Eine Geruchswolke von Terpentin hüllte den Jungen ein.
„Dein Anti-Haftmittel löst die Klebeprobleme?“, waren Sabines erste Worte beim Anblick dieser Ausrüstung.
„Ja“, nickte Harry stolz.
Nach einer kurzen Pause setzte er fort: „Beinahe jedes Problem! Anfangs lief es wirklich gut. Ich lief einfach super über die klebrige Schleimspur. Durch die Schläuche läuft der Verdünner bis in die Schuhsohlen. Unter meine Schuhe habe ich Spezialsohlen geklebt mit vielen kleinen Öffnungen, aus denen Terpentin läuft und einen Schutzfilm bildet. Dadurch wird jedes Verkleben verhindert.“
„Eine tolle Idee!“, folgte Wolfs Anerkennung spontan.

„Und was passierte dann?“, warf Sabine etwas ungeduldig ein.
„Wie gesagt, anfangs lief alles gut. Doch mit einem Ruck stoppten meine Füße. Sie waren festgeklebt. Der Kanister war völlig entleert. Ich hatte alles verbraucht, hatte vergessen, rechtzeitig den Rückweg anzutreten. Da stand ich nun dem Riesenfrosch gegenüber ohne eine Fluchtmöglichkeit. Ich dachte meine letzte Stunde hätte geschlagen!“, an dieser Stelle wurde sein Gesichtsausdruck ziemlich ängstlich. „Die Kröte röchelte laut, als wollte sie aus den Tiefen ihres Schlundes eine riesige Schleimmenge würgen und mich damit übergießen. Ich sah mich schon inmitten dieser klebrigen Masse.“
„Und was geschah dann?“, wollte Sabine nun ohne Umschweife wissen.
„Nichts.“
„Nichts?“
„Ja, nichts geschah. Die Kröte röchelte und röchelte, würgte und würgte, doch kein Schleim kam hervor. Und dann verschwand sie.“
„Und du? Du sitzt immer noch an dieser Stelle?“, fragte Sabine völlig verständnislos.
„Aber ich klebe doch fest!“
„Deine Schuhe kleben fest. Die kann man doch ausziehen, oder?“
„Eigentlich schon. Nun, ich bin beim Bücken mit Mantel und Kanister irgendwie in die Schleimspur geraten und war sofort verklebt. Nach eini-

ger Zeit ist dann auch noch meine Lampe erloschen und ich saß allein hier im Dunkeln. Schläuche und Halterungen ließen eine Befreiung ohne Hilfe nicht zu. Ich saß in der Falle."

„Jetzt ist die Hilfe ja nah", sprach Wolf seinem Klassenkameraden Mut zu.

Sabine und Wolf hatten ihre Taschenmesser fest in den Händen. So machten sie sich sofort an die Arbeit, Harry aus seiner misslichen Lage zu befreien.

Schläuche wurden durchschnitten, Halterungen gekappt, der Mantel durchtrennt und die Schuhe ausgezogen. Harry war befreit. Den Rückweg musste er ohne Schuhe auf Socken antreten. Den verklebten Teil seiner Ausrüstung ließ er zurück. Eigentlich hatte er doch großes Glück gehabt, dachte er bei diesem Anblick. Seine Erfindung war ja eigentlich auch genial, flüsterte er sich selber zu. Doch da fiel ihm noch etwas ein. Mit der rechten Hand kramte er in seiner Hosentasche. Irgendwo musste es doch sein! Dann hielt er es in seiner Hand. Stolz präsentierte er das Fundstück seinen Befreiern: „Schaut, was ich gefunden habe." In seiner geöffneten Hand lag ein rotes Stück Fetzen. Es war kein Kleidungsstoff, etwas dicker und fester, leuchtend rot seine Farbe. „Das habe ich gefunden, klebte an der Felswand", kommentierte Harry stolz.

Wolf schien nicht sehr beeindruckt. Nur Sabine musterte diesen kleinen Fetzen ganz genau.

„Wisst ihr, was dies hier ist?“, die Frage wurde von ihrem markanten Grinsen begleitet. Natürlich kannten die beiden Jungen nicht die Lösung. Doch ohne Pause wurde die Antwort von Sabine selbst geliefert: „Ein Stück vom rechten Ohr des tasmanischen Teufels!“

„Das Ohr des tasmanischen Teufels?“, die beiden Jungen blickten verwundert.

„Ja, der tasmanische Teufel! Doch bevor ich euch mehr darüber erzähle, sollten wir erst einmal einen sicheren Ort erreichen. Gehen wir zurück, dabei dürfen wir aber nicht übermütig und unvorsichtig sein.“

So leiteten die drei ihren Rückzug ein. Schweigend gingen sie hintereinander her. Sie versuchten, achtsam alle Richtungen zu beobachten, doch die Konzentration fiel besonders den beiden Jungen schwer.

Was hatte es mit dem tasmanischen Teufel auf sich?

Die Antwort auf diese bohrende Frage konnte offensichtlich nur Sabine geben.

Aber wann?

Die Frage musste zurückgestellt werden. Die Rückkehrer wurden bereits erwartet. Zwei Mitschüler standen als Vorposten im Höhlengang und hatten die Botschaft ihrer baldigen Ankunft schon übermittelt. Als die drei die Klassenhöhle betraten, begann die Menge zu klatschen, zu jauchzen und mit den Füßen im Takt zu stampfen.

Ein ohrenbetäubender Lärm hallte zwischen den Steinwänden hin und her wie ein Ping-Pong-Ball beim Tischtennis.
„Wahnsinn!“, kommentierte Harry lautstark diesen Empfang, der ihn irgendwie mit Stolz erfüllte.
„Das treibt mich in den Wahnsinn!“, kommentierte Wolf genervt, während sich Sabine einfach mit beiden Händen ihre Ohren zuhielt. Minutenlang erfüllte dieses Getöse die Hexenküche. Die Kräuterhexe hatte den Unterricht abgebrochen, als sie von Harrys Verschwinden und der Suchexpedition hörte. Nun könne sich sowieso niemand konzentrieren, da wäre es sinnvoller, den Unterricht komplett zu beenden. Nach diesen Worten hatte sie die Hexenküche verlassen, doch niemand der Schüler war der Lehrerin gefolgt. Alle waren stumm auf ihren Sitzplätzen geblieben, bis man sich entschlossen hatte, einen Vorposten auszusenden.
Die Botschaft der Rückkehr hatte mit einem Schlag die Last von ihren Gedanken genommen. Wie beim Dammbruch eines Stausees so waren die Emotionen aus ihnen herausgebrochen. Doch nach der großen Flut wurde es wieder ruhig.

Harry fühlte sich berufen, das Wort zu ergreifen und seine Geschichte zu erzählen. Sie begann mit einer der spektakulärsten Erfindungen im Einsatz bei der Monsterjagd, beschrieb den heldenhaften Kampf eines kleinen Jungen gegen den größten

Schleim spuckenden Ochsenfrosch aller Zeiten und endete in der glorreichen Rückkehr.
Und wo waren Sabine und Wolf? Sie hatten fast unbemerkt die Klassenhöhle verlassen und die Schaubühne dem kleinen Jungen in seinem komisch wirkenden Outfit überlassen. Denn noch immer thronte der viel zu große Helm auf seinem Kopf. Noch immer trug er den zerfetzten Trenchcoat und stand mit nackten Füßen vor der staunenden Zuhörerschaft. Niemand wagte es, den großen Abenteurer etwa nach dem Verlust seiner Schuhe zu fragen. Irgendwie war auch kein Platz für Fragen, denn Harry erzählte und erzählte. Unterdessen waren Wolf und Sabine bereits auf ihrem gemeinsamen Heimweg. Sie saßen nebeneinander im roten Schienenbus, der sie aus der Zauberwelt der Felsen und Höhlen in die Stadt bringen würde. Beide schwiegen.

## 11. Kapitel
## Der Aufmarsch des Bösen

Es war wohl die Erschöpfung, die die Glieder bleiern schwer erschienen ließ. Dies war aber keine erdrückende Last, nein, eine positive Kraftlosigkeit. Zwar hatten Sabine und Wolf ihre Suche im Inneren der Höhle nicht ganz erfolgreich abschließen können, doch sie hatten ja Harry Potter aus dem Krötenschleim gerettet. Wie eine Flamme loderte die Erinnerung an dieses merkwürdige Stück Ohr in Wolfs Gedächtnis auf. Doch die Müdigkeit ließ Wolfs Augenlider schwerer werden, bis sie zufielen. Tiefer Schlaf erfasste den Jungen.

Sabine zerrte an seinem rechten Arm. Zusätzlich rief sie mit energischer Stimme: „Hallo, Endstation. Alles aussteigen! Dies gilt auch für Schlafmützen."

Langsam wurde Wolf bewusst, dass er den Zug verlassen musste. Bis er so richtig wach war, saß Sabine schon im Bus zur Weiterfahrt bereit. Aber Wolf hatte doch noch Fragen! Was hatte es denn mit dem roten Ohr auf sich? Doch Sabine konnte nicht mehr antworten, ihre Wege hatten sich gerade getrennt. So ging Wolf in Gedanken versunken nach Hause. Das Haus war leer. Denn sein Vater kam oft erst gegen 19 Uhr vom Dienst und seine Stiefmutter war häufig mit für ihn unbekanntem Ziel unterwegs. Das Nudelgericht, das seine Stiefmutter gekocht hatte und im Kühlschrank auf ihn wartete, erhitzte er in der Mikrowelle. Doch hätte nach dem Essen jemand Wolf die Frage gestellt: „Hat es geschmeckt?“, so hätte er es nicht gewusst. Denn der Junge hatte gegrübelt und gegrübelt. So hatte er ganz nebenbei Löffel für Löffel die Speise im Mund verschwinden lassen.

Ein Geistesblitz erhellte seine Gedanken. Wolf erinnerte sich an die Begegnung mit Sabines Mutter. Sabines Mutter hatte doch von dem Kampf zwischen den Guten und den Bösen berichtet. Der König der Bösen ist der tasmanische Teufel. An dieser Stelle erschien diese fürchterliche Fratze mit den abstehenden Segelohren in seiner Erinnerung, die er zuletzt in der magischen Glaskugel gesehen hatte. Mit dem riesigen Segelohr musste der Meister des Bösen die Höhlenwand berührt haben. Der Krötenschleim hatte es dann am Felsen fest verklebt. Mit seinem nächsten Schritt hatte er sich dann ein Stück von seinem Ohr abgerissen. Sicherlich war dies eine schmerzhafte Erfahrung. Jedenfalls gehörten die schleimenden Ochsenfrösche gewiss nicht mehr zu seinen besten Freunden. Bei dem nächsten Gedanken lief Wolf ein kalter Schauer über den Rücken. Wenn das Ohr des tasmanischen Teufels in der Schulhöhle geklebt hatte, so musste ja zwangsläufig auch der gesamte tasmanische Teufel hier im Sauerland gewesen sein, wahrscheinlich würde er

noch hier sein. Dieser Gedanke blies Wolfs Müdigkeit fort. Ihm war als würde er einen modrigen Geschmack auf seiner Zunge spüren und ein schwefliger Geruch in seine Nase kriechen.
Unruhe erfasste Wolf. Nein, schlafen würde er jetzt nicht können. Er musste genau wissen, was vor sich ging in den dunklen Nächten. Schon wenige Minuten später fand sich der Junge auf dem Rücken seines zotteligen Freundes wieder. Auf einer Lichtung unweit der Schulhöhle ließ sich Wolf absetzen. Vorsichtig näherte er sich dem Ort, wo er den Aufmarsch des Bösen vermutete. Fast friedlich lag der Wald zwischen Tag und Nacht, bis ein lautes Grollen aufzog. Wolf schaute in den Himmel, den riesige schwarze Wolken durchpflügten, aus denen von Zeit zu Zeit Feuerfontänen hervorbrachen. Die Drachen fliegen wieder, also bin ich nicht vergebens hier. Diese Gedanken bestärkten Wolf in seinem Tun. Noch langsamer, mit größter Vorsicht tastete er sich vor, bis er in einem Gestrüpp seinen Beobachtungsposten bezog. Feuerschein erleuchtete den Platz vor der Felswand, auf dem sich wieder ein Schauspiel des Bösen bot. Riesen mit den bulligen Köpfen, die Werwölfe an Ketten hielten, schirmten den Eingangsbereich zur Höhle ab. Schwarze Reiter auf seltsam dürren Pferden, mehr als dreißig mussten es sein, bildeten einen Halbkreis, als wären sie die Vorhut eines wichtigen Gastes.

Eine schwarze Ritterrüstung glänzte metallisch im Feuerschein. Der Eindruck einer düsteren Macht lastete auf Wolfs Gedanken. Ein riesiger, stählerner Ritter auf einem noch größeren schwarzen Rappen trabte mit gezogenem Schwert aus den nächtlichen Lüften der Erde entgegen. Und mit dieser Gestalt trafen böse Erinnerungen ein, denn Wolf erkannte sofort den vergessenen Ritter. Dieses hämische Lachen und die donnernde Stimme würde er nie vergessen. Hatte diese Gestalt des Bösen ein Heer von Gleichgesinnten um sich gesammelt? Die Pferde der schwarzen Ritter stellten sich auf die Hinterhufe, wild bewegten sich ihre Nüstern. Die Gestalten, die nur aus zerfetzten Umhängen zu bestehen schienen, zogen zum Gruß ihre Schwerter, die feurig in der Dunkelheit leuchteten. Auch Wolf ließ dieses schaurige Schauspiel nicht unbeeindruckt. Ein lauter Donner kündigte das nächste Ereignis an. Es schien fast, als wollten die aufgeschreckten Pferde ihre Reiter auf den lehmigen Boden werfen. Ein Feuerball stürzte auf die Erde hernieder. Es roch verbrannt. Schwefeldämpfe lagen in der Luft.

Langsam löste sich die Rauchwolke auf und gab ihr Geheimnis preis. Ein großer Kopf mit noch größeren Segelohren leuchtete rot aus dem gelblichen Qualm. Der bedrohliche Blick aus den weiten gelben Pupillen legte alles in eisiges Schweigen. Wolf konnte selbst aus der Entfernung seine langen Eckzähne erblicken. Die langen Zähne berührten fast das kantige, vernarbte, mit grauen Bartstoppeln bedeckte Kinn. Eine wirklich merkwürdige Veranstaltung, so schien es dem Jungen. Dieser kleine Gnom mit rotem Kopf und Segelohren soll der Herrscher der bösen Mächte sein? Es war, als würde eine dieser billigen Comedy-Serien vor Wolfs Augen ablaufen. Sah so die Wirklichkeit aus? Oder wollte sich dieser Giftzwerg nur selbst parodieren? Aber niemandem war wirklich zum Lachen zumute.

Wie konnte dieser Wicht eine solch große Gefolgschaft hinter sich bringen? Eine merkwürdige Stille legte sich in das Tal, legte sich darüber wie eine Decke, mit der man versucht, ein Feuer zu ersticken. Wolf kannte sofort den Namen dieser Stille: Angst, die pure Angst. Selbst die Werwölfe an ihren Ketten schwiegen. Direkt neben dem Eingang zur großen Höhle befand sich ein weißer Gegenstand, der schon allein durch seine Farbe zwischen den schwarzen Gesellen ins Auge stach. Hierhin wurde der Herrscher des Schreckens geführt. Dabei gab er merkwürdige knurrende Geräusche von sich.

Genau konnte der Junge nicht erkennen, was das für ein Gebilde war, vor dem der böse Herrscher nun stand. Eine Art Stuhl oder Sessel, vermutete Wolf.

Der Meister der Dunkelheit setzte sich darauf mit den Worten: „Erkennst du deinen Herrscher?“

Dies waren die einzigen Worte, die die angespannte Ruhe durchschnitten. Der weiße Sessel begann hell zu leuchten.
Tolle Nummer? Wahrscheinlich war der Giftzwerg einfach auf den Lichtschalter gelatscht. So ein leuchtendes Weiß kannte der Junge selbst von keinem Waschmittelspot aus der Fernsehwerbung, nein, ein solches Leuchten hatte Wolf bisher noch nie gesehen. Der Sessel schnellte in die Luft und blieb in zwei Metern Höhe stehen, als würde er auf unsichtbaren Stelzen stehen. Dieser Trick hatte Wolf nicht sehr erstaunt, hatte er doch dergleichen bereits in einer Fernsehaufzeichnung einer Las-Vegas-Show beeindruckender gesehen. Nur waren es bei diesen Zaubereien immer Jungfrauen, die schwebten. Warum es immer Jungfrauen sein mussten, damit hatte er sich noch nicht näher befasst. Vielleicht hatte es mit einer Gewichtzunahme nach der Eheschließung zu tun. Dies war nur eine erste Vermutung, mit der er sich jedoch nicht weiter auseinandersetzen konnte. Das Heer der dunklen Gestalten zog mit gesenkten Köpfen an ihrem Herrscher vorbei in die Schulhöhle hinein. Der Junge war so auf das Geschehen vor dem Höhleneingang konzentriert, dass er überhaupt nicht bemerkte, dass der Platz sich wieder gefüllt hatte, obwohl viele Gestalten bereits in der Höhle verschwunden waren. Auf dem Vorplatz standen nur noch wenige Reiter. Fußgänger bestimmten nun das Bild. In langen

Reihen zogen diese in die Höhle ein. Nicht gerade sehr farbenfroh. Kleine und große Geister und Böms, die bösen Magier, sie alle marschierten auf. Eingehüllt in schwarzen Umhängen mit großen Kapuzen bewegte sich das Böse langsam vorbei, um vom Berg verschluckt zu werden. Doch dann stoppte die Bewegung, als wäre dieser Augenblick für eine Fotoaufnahme bestimmt. Nur der rote Kopf des tasmanischen Teufels leuchtete hell auf wie ein Ampellicht in der Dunkelheit. Irgendetwas hüpfte vor die Füße des Herrschers. Ein Frosch oder eine Kröte? Eine dunkle Gestalt hatte den Herrscher gegrüßt, als ein kleines Geschöpf aus dem Umhang herausgehüpft war.
Ein schriller Schrei zerriss die Stille: „Vermis!“ (Vermis ist lateinisch und heißt übersetzt Wurm, hört sich aber viel wichtiger an.) Der Windzug seines Atems wehte seinem Gegenüber die tief ins Gesicht gezogene Kapuze vom Kopf. Ein rundliches Jungengesicht trat zum Vorschein, das nicht etwa von Angst gezeichnet war, nein, ein breites Grinsen wurde von den Worten begleitet: „Du stinkst ja aus dem Mund wie ...“ Der Junge unterbrach, um seine Wortwahl etwas mehr der Situation anzupassen. „Nimm erst einmal ein Drachengold, das sorgt für frischen Atem.“ Hierbei griff er in seine Manteltasche und warf dem Herrscher einen Drops herüber. Das Bonbon verfehlte sein Ziel und blieb am Stuhl kleben. „Jetzt habe ich dir auch noch eine geklebt, dabei würde

ich dir meine letzten Kröten geben, aber der Herrscher der Unterwelt hat Angst vor einer kleinen Kröte!“

Die Augen des Tasmanen wechselten die Farbe von einem Grün in ein stechendes Gelb. Das Wort ‚Vermis‘ zerriss abermals die Stille. Gleißende Blitze schossen aus den Pupillen. Die Blitze durchzuckten die Dunkelheit und formten aus der Kröte einen kleinen Wurm. Fast zeitgleich stürzte kreischend eine Elster aus der Höhe auf den felsigen Boden, ergriff mit ihrem Schnabel gierig den kleinen Wurm und trug ihn im Flug mit sich fort. Der Übermut hatte den Jungen längst verlassen. Das breite Grinsen hatte sich verflüchtigt. Angestrengt blickte er drein.

Wieder folgten dem Ausschrei ‚Vermis‘ die Lichtblitze, diesmal auf den Jungen gerichtet. Fast synchron öffnete sich der Mund des Jungen: „Motullim, Mutellam, Metallum“. Eine metallische Schicht hüllte den Jungen ein, als wäre er in einer übergroßen Getränkedose eingeschlossen. Dies machte Tatarus noch viel wütender. Die gelben Pupillen schienen nun aus seinem Kopf herauszutreten. Eine ganze Salve an Blitzen traf auf sein Opfer. Die metallische Hülle zerfloss in ein rot glühendes Rinnsal. Leider eine Einwegverpackung. Der Junge war nun nur noch ein armer Wurm. Mit dem Schnabel voran stürzte erneut die Elster, die sich schon diebisch freute, auf den Ort des schwarzen Zaubers zu. „Du wurmst mich nicht mehr!“, kommentierte der Herrscher des Bösen seine grausame Tat. Doch noch ehe die Worte verklungen waren, war der Wurm verschwunden, aber nicht, wie man annehmen könnte, im Magen des Vogels. Die Steine ließen sich erweichen und machten den Weg frei. Ein kleiner Doppelspalt gab ihm eine Zuflucht und sollte für eine gewisse Zeit seinem Kopfzerbrechen ein Ende setzen. Zwar hatte der Vogel versucht, den Wurm mit dem Schnabel doch noch zu erwischen, aber Klaus, die Elster, hatte schnell kapituliert, um das Weite zu suchen. Klaus, so nannte Wolf die diebischen Elstern. Denn was würden sie von ihren Eltern als erstes hören? Natürlich die Aufforderung: „Klau es! Klau’s!“ So wurde aus der Aufforderung zum Diebstahl der Vorname Klaus für die diebische Elster. Der Misserfolg hatte den Herrscher des Bösen Tatarus nicht gerade beruhigt. Blitze durchzuckten die Luft. Diese Botschaft folgte dem flüchtenden Vogel, der wahrscheinlich schon außer Reichweite war, um nicht als falsches Hähnchen auf dem Grillteller zu landen. Obwohl, ein wenig verbrannt roch es doch.

Die Müdigkeit, die sich bei Wolf eingeschlichen hatte, war durch die letzten Ereignisse fortgeblasen worden. Vor dem Höhleneingang hatte sich der gewohnte Trott eingestellt. Nach und nach zogen die Gestalten vorbei. Frischer Wind in Böen wirbelte noch mehr Staub auf. Ab und zu bekam jemand was vor die Mütze, die dann vom Kopf fiel. Dies brachte für den Beobachter etwas mehr Abwechslung ins Spiel. Nein, Wolf konnte es kaum glauben. Dieses Gesicht kannte er doch. Inmitten der dunklen Meute spazierte Frau Neumann, die Nachbarin, die Frau mit den zwei Gesichtern. Jedenfalls dieses Gesicht kannte Wolf. Oft hatte Wolf seine Stiefmutter vor dieser Frau gewarnt. Aber ... In diesem Augenblick traute Wolf seinen Augen nicht. Ist das alles nur eine Täuschung meiner Sinne? Ist das nur faule Zauberei? Nein, ich kann es nicht glauben, aber jetzt wird mir vieles klar. Angelika gehört eindeutig zu den Böms, der bösen Seite, und zieht gerade mit den anderen dunklen Gestalten in die Höhle ein. Wolf war fassungslos. Nun musste er sogar gegen das Böse in der eigenen Familie kämpfen.

Das Schauspiel vor seinen Augen lief in den gewohnten Bahnen ab. Da spürte er einen festen Griff in seinen Nacken. Ein großes Gewicht hielt ihn auf dem Boden fest. Nach einem kurzen Schrecken stand für Wolf fest: Dieser dumme Gnom! Diesmal werde ich ihn zurechtweisen! Schon war das Gewicht verschwunden. Der Junge fühlte sich befreit und sprang auf, um den Gnom in die Zange zu nehmen. Wolf hob seinen Kopf und ließ seinen Blick suchend schweifen.

Er erschrak. Dunkle Gestalten in schwarzen Kapuzenumhängen kreisten den Jungen ein. Einer dieser finsteren Gesellen erhob seine Stimme:

„Wen haben wir denn hier erwischt! Einen Spion! Und was machen wir mit Spionen?“
Wolf schwieg. Die Gruppe um ihn herum begann mit rhythmischen Bewegungen und sang immer lauter: „Wurmi, Wurmi ...“

Irgendwie war Wolf nicht danach die Darbietung zu genießen. Nur eines wollte er bestimmt nicht, als armer Wurm enden. Noch ehe er richtig nachdenken konnte, stand der Junge vor dem Herrscher des Schreckens. Weiß leuchtete der Thron und rot der Kopf mit den Segelohren, besser gesagt, dem einen Segelohr, denn ein Ohr war mit weißem Mull verbunden. Eigentlich ein belustigender Anblick. Ein kleiner Wicht mit Segelohren saß auf einem viel zu großen Thron. Wolf wollte gerade das eine nicht tun, doch es kam wie ein Sturm. Ein Sturm, gegen den man sich nicht wehren kann. Zuerst war es nur ein leichter Wind und am Ende ein Orkan. Bei Wolf begann es mit einem leisen Kichern hinter vorgehaltener Hand, doch dann prustete er laut und völlig enthemmt los. Genau dies hätte nicht passieren dürfen. Ein Raunen erfasste die dunklen Gestalten. Dann hörte man ein leises Kichern weiter hinten, ein zweites folgte. Schon lachte die gesamte Schar des Bösen. Der tasmanische Teufel ärgerte sich rot, knallrot sogar. Sein Kopf drohte wie eine Bombe zu zerplatzen. Seine Augäpfel verfärbten sich in ein stechendes Gelb.

Wolf ahnte, was weiter passieren würde. Die gesamte Ansammlung auf dem Platz wusste, was ihnen jetzt blühen würde. Abrupt war das Lachen verstummt. Zeitgleich kam Bewegung in die Gruppe. Es wurde geschubst und gestoßen. Wolf wurde von der Menge mitgerissen. Blitze durchzuckten die Dunkelheit. Die Menge presste Wolf in die Höhle. Dort herrschte die vollkommene Dunkelheit. Der Junge spürte eine feste Hand an seinem Handgelenk. Dann wurde er zur Seite gerissen. Ein Umhang mit Kapuze wurde ihm übergeworfen. Dreimal wurde Wolf von fremden Kräften gedreht. Anschließend verlor er den Boden unter den Füßen. Der Junge wurde durch die Lüfte gerissen, hin und her, rauf und runter. Nach einiger Zeit atmete er endlich frische Luft. Eine sanfte Landung folgte. Er spürte wieder festen Boden unter den Füßen. Ein kleines rundes Licht erleuchtete die Umgebung.
„Hab keine Angst. Ich bin es, Jan."
Wolf blickte in eine schwarze Kapuze, ohne ein Gesicht zu finden.
„Du warst leichtsinnig, aber Leichtsinn ist besser als Schwermut!"
Das Licht erlosch. Der Retter verschwand. So unbemerkt wie Jan gekommen war, war er auch schon wieder fort.

## 12. Kapitel
## Von Licht und Schatten

Wolf blieb keine einzige Sekunde, um über die Ereignisse nachzudenken. Denn der nächste Augenblick gehörte seinem blauen Freund, der direkt vor den Füßen des Jungen landete.
„Auf dich ist Verlass, mein treuer Freund“, flüsterte der Junge in das behaarte Ohr. Nur einen Gedanken später war der Junge bereits daheim in seinem Zimmer. Diese Erlebnisse waren noch schwerer zu verdauen als eine ganze Tüte Gummihexen. Dieses Weingummi verschlang der Junge förmlich, nicht gerade zur Freude seiner Stiefmutter. In letzter Zeit hatte er mehr böse Geister aus schwarzem Lakritz vernichtet. Doch auch diese lagen nicht minder schwer in seinem Magen. Doch was ihm jetzt Kopfzerbrechen bereitete, war das Erlebte mit den bösen Mächten im Hölletal. Seine Fragen fanden keine Antworten.
Wie soll ich mich beim nächsten Treffen mit meiner Stiefmutter verhalten? Soll ich meinem Vater davon erzählen? Würde mir mein Vater überhaupt glauben können? Ich brauche dringend Rat. Aber wer kann mir weiterhelfen?

Eine Zeit lang suchte der Junge vergebens nach Antworten. Doch wie ein Blitz aus heiterem Himmel fiel ihm Sabines Mutter ein.

Nach einer unruhigen Nacht konnte der Junge den nächsten Morgen kaum erwarten. Hoffentlich bekomme ich die gesuchten Antworten auf meine Fragen.
Die Sonne stand noch nicht sehr hoch am Himmel, doch sein blauer Freund war schon für einen kleinen Ausflug bereit. Auf dem Pferderücken weckte der morgendliche frische Wind die Lebensgeister des Jungen.
Sie flogen die Bundesstraße ein Stück entlang. Der Bus der Verkehrsgesellschaft sah wie ein Spielzeugauto aus. In der Nähe des alten Steinbruchs bogen sie links ab. Sie überflogen ein Gewerbegebiet. Dann stiegen sie über bewaldete Hügel. An einigen Stellen sah der Wald ziemlich geknickt aus. Baumlose Flächen hatte ein Sturm mit Namen Kyrill hinterlassen. War es der Atem der bösen Mächte?
Wolf hatte keine Zeit, über eine Antwort auf seine Frage nachzudenken. Unter ihm war schon das rote Ziegeldach des kleinen Hauses zu erkennen. Das Dach sah fast wie ein Gemälde aus, bei dem man aus vielen unterschiedlichen Farbtupfern ein einheitliches Bild geschaffen hatte. Zwischen wilden Blumen und Kräutern hatte das Pferd seinen Landeplatz gefunden. Sabine stand bereits vor dem kleinen Häuschen und wartete auf Wolf.
„Chefpilot an Tower, erbitte Genehmigung für die Ladung“, hatte der Junge Sabine aus der Luft zugerufen.

Sabine zeigte ihm ihr breites Lachen mit den kurzen Worten: „Genehmigung erteilt!“
„Wolf, ich habe schon längst erwartet, dass die Neugier dich wieder hierhin treibt. Aber damit du alles besser verstehst, muss ich weit ausholen“, mit diesen Worten hatte Sabines Mutter den Jungen im Haus begrüßt.
Die drei gingen durch die Küche ins Esszimmer. In der Mitte des großen Eichentisches stand ein tönernes Stövchen, in dem eine kleine Flamme brannte. Auf diesem Stövchen stand eine große braune Kanne. Neben der Kanne standen ein Glas mit braunen Zuckerstücken und drei bunte Tassen.
„Sabine, schenk uns bitte Tee ein. Der wird unsere Gemüter beruhigen und die Gedanken befreien“, bei diesen Worten hatte Sabines Mutter einige Kekse aus einem alten Schrank befördert. Mittlerweile war der Raum von verschiedenen Gerüchen erfüllt.
„Es liegt schon sehr lange zurück. Mütter erzählten es ihren Kindern, diese wiederum ihren Kindern und so weiter. Dies wurde so über viele Generationen weitergetragen. Einst gab es nur einen König aller Mächte. An seiner Seite regierte seine Königin, sie gebar Zwillinge. Die Aufregung war groß, da es eine schwere Geburt gewesen war, die die Königin fast das Leben kostete. Nach der glücklichen Verkündigung von der Geburt zweier Söhne und nach der Genesung der Mutter stritten

die Hebammen darüber, welches der beiden Kinder das Erstgeborene sei. Dieser Streit kam auch dem König zu Ohren, der seinen Sohn Licht zum Erstgeborenen erklärte. So wuchsen die beiden Königskinder heran. Ihnen fehlte es an nichts. Die Zwillinge trugen die Namen Licht und Schatten. Sie waren auch wirklich wie Licht und Schatten. Wo das eine Kind spielte, da war auch stets das zweite Kind. Wo Licht war, da war auch Schatten. Sie schienen auf ewig unzertrennlich. Doch eines der Kindermädchen erzählte den Kindern von der schwierigen Geburt und der Entscheidung, wer der ältere Sohn sei. Von diesem Tag an stritten die beiden Brüder. Schatten fühlte sich um den Thron betrogen. Der Königsvater wurde Augenzeuge einer Auseinandersetzung zwischen seinen Söhnen und bemerkte schnell die Ernsthaftigkeit der Situation. Um den Streit zu schlichten, erklärte er beide Söhne zu gleichen Erben. Sein Reich sollte geteilt werden, in ein Reich des Lichtes und ein Reich des Schattens. Nach dem Tod des Königs wurde sein Letzter Wille umgesetzt. Sein Reich wurde geteilt und beide Söhne gekrönt. Die Reiche wurden zwar getrennt regiert, aber die Brüder waren stets freundschaftlich verbunden. Licht und Schatten gehörten doch zusammen. Doch ein großer Ball sollte dies beenden. Beide Brüder verliebten sich in die Elfenkönigin. Diese entschied sich für den König des Lichtes. Es folgte eine pompöse Hochzeit.

Wiederum fühlte sich der andere Bruder betrogen. Aus dieser Niederlage wuchs schnell Hass, der die freundschaftlichen Bande zerriss. In seinem Reich schürte der König des Schattens die Angst, dass sein Bruder mit einem großen Zauber das Reich des Schattens in den Abgrund stürzen wollte.
So entstand der Krieg zwischen Licht und Schatten. Heute weiß fast niemand mehr, wie dieser entstanden ist, aber der Hass wurde mit der Zeit immer größer. Immer noch versuchen die dunklen Mächte das Licht zu vernichten. Immer weiter wächst die Dunkelheit. So wird der Kampf zwischen Licht und Schatten auch heute noch ausgetragen. Das Heer des Bösen lauert überall, um die Guten in den Hinterhalt zu locken. Die dunklen Mächte fühlen sich so stark wie niemals zuvor. Und bald schon soll das letzte Licht verschluckt werden. Das Reich des Lichtes soll für alle Zeiten im Meer der Finsternis versinken. Die bösen Mächte mobilisieren alle Kräfte für die große Entscheidungsschlacht. Uns werden nur noch wenige Wochen bleiben, bis der tasmanische Teufel seine Streitmacht aus dem Schattenreich in den Kampf führen wird. Die weißen Mächte scheinen kraftlos im Angesicht der riesigen Übermacht. Wir brauchen jede helfende Hand, doch eure Ausbildung in der weißen Magie hat erst begonnen. Die Zeit wird nicht reichen. Ich muss zum Konvent des Lichtes, dem Führungs-

zirkel der weißen Mächte. Wir dürfen uns nicht geschlagen geben."

Mit diesen Worten endete die Erzählung von Sabines Mutter, die mit beiden Händen ihre Tasse mit Tee ergriff, um aus ihr langsam mit schlürfenden Geräuschen zu trinken.

## 13. Kapitel
## Die Idee

Die beiden Kinder saßen schweigend am Tisch. Die Worte von Sabines Mutter hatten verzweifelt geklungen. Nachdem sie ihren Tee ausgetrunken hatte, war sie aufgestanden und hatte die beiden Kinder wortlos zurückgelassen. Einen Augenblick später schon hatte sie das Haus verlassen. Schweigend saßen Wolf und Sabine auf ihren Stühlen.

„Unsere Kräfte scheinen blockiert. Vielleicht liegt ein böser Fluch wie eine schwere Last auf uns. Diese Last droht uns zu ersticken", Wolfs Worte waren mindestens so traurig wie sein Blick. Sabine schüttelte ihren roten Schopf hin und her, als wollte sie die bösen Geister abschütteln.
„Papperlapapp! Papperlapapp!", schrie Sabine immer lauter.
Jetzt ist Sabine total durchgeknallt, dachte Wolf.
„Papperlapapp, Trübsal blasen, das können wir immer noch, wenn wir die Schlacht verloren haben", bemerkte Sabine kämpferisch.
Diese Worte erfassten Wolfs Geist wie ein frischer Wind an einem heißen Sommertag.
„Verlieren? Wir werden ja wohl gewinnen! Und weißt du auch warum?", wollte Wolf fast übermütig wissen.

„Weil wir gewinnen müssen?“, entgegnete Sabine mit einer Frage.
„Nein, weil wir die Besseren sind. Wir sind doch das Licht, die Guten. Das Gute muss siegen. Happy End ist einfach besser. Geschichten ohne einen glücklichen Ausgang sind doch nur blöd“, gab der Junge seine Losung aus.
„Aber die Bösen haben starke Truppen, böse Geister, schwarze Magier, die Ritter des Grauens, schwarze Ritter, Werwölfe …“, Sabine wollte gar nicht mehr aufhören mit ihrer Aufzählung des Schreckens. Wo war denn ihr alles überstrahlendes Lächeln geblieben?

„Jetzt ist aber gut damit! Deine Stimmung macht ja depressiv. Wir werden das Böse vertreiben!“, der Junge wollte sich nicht in dieses Stimmungsloch ziehen lassen.
„Sollen uns gegen diese Übermacht der Finsternis unsere Magier aus den Seniorenwohnhöhlen verteidigen?“, Sabines Bedenken schienen nicht zu verfliegen.
„Wir brauchen keine riesigen Heere. Wir brauchen nur eine Erleuchtung!“, entgegnete Wolf einfach.
„Schalten wir doch das Licht ein“, bemerkte das Mädchen spöttisch und betätigte den Schalter der Stehlampe in ihrer Nähe.
„So habe ich das natürlich nicht gemeint“, der Junge fühlte sich schon etwas gekränkt.

„Wenn du es wirklich ernst meinst, dann musst du hart arbeiten. Nur mit den Kräften der weißen Magie können wir den Sieg erringen. Hier steht genug Stoff für ein Intensivstudium", bei diesen Worten fuhr Sabine mit dem Zeigefinger ihrer rechten Hand die Wände des Zimmers ab. Bücher über Bücher standen in den dunklen Regalen. Sabine war von ihrem Stuhl aufgesprungen. Dann suchte sie gezielt einige dicke Wälzer heraus. Die meisten Bücher waren ziemlich abgegriffen. Nach einer kurzen Zeit türmte sich ein großer Berg Papier auf dem großen Tisch.
Einige Stunden saßen die beiden nun in den alten Schwarten versunken schweigend nebeneinander. Sabine las schnell und hatte schon bald viele Seiten in ihren Gedanken abgelegt. Wolf hatte Papier und einen Kugelschreiber gegriffen, jedoch in der gesamten Zeit nur ein einziges Wort zu Papier gebracht.
Sabine zeigte dem Jungen ihr breites Grinsen, als sie auf das fast leere Blatt Papier schaute.
„Du bist mir ja eine echte Hilfe! Ist ja wirklich nicht viel. Nur ein winziges Wort", spottete Sabine über das Werk ihres Mitstreiters.
„Aber was für ein Wort!", entgegnete Wolf.
Sabine schaute nun genau auf das Blatt Papier. „Ist nicht dein Ernst, oder?", Sabine konnte nicht glauben, was sie las.
„In der gesamten Zeit hast du nur dieses einzige Wort geschrieben? Licht. Licht soll die Lösung

unserer Probleme sein? Das gibt es doch nicht!“, das Mädchen regte sich sichtlich auf.
„Ja, Licht“, versuchte sich Wolf zu verteidigen. „Alles dreht sich um Gut und Böse, Finsternis und Licht. Um die Finsternis zu vertreiben, brauchen wir Licht, viel Licht, eine Flut von Licht!“
Sabine schien nicht überzeugt. „Weiße Magier auf der gesamten Welt suchen nach Wegen, das Reich des Lichtes zu retten. Und du sagst einfach, wir brauchen ein bisschen mehr Licht.“ Sabine fehlte irgendwie das Verständnis für Wolfs Lösung.
„Nein, nicht ein bisschen Licht, viel Licht, eine Flut an Licht!“, Wolf legte seine Emotionen in die Worte.
„Eine Flut an Licht, ach so“, bemerkte Sabine genervt. „Vielleicht etwas Flutlicht? Kein Problem! In jedem Fußballstadion daheim.“
„Quatsch, das wären für uns nur kleine Funzeln! Wir brauchen Licht für helle Gestalten! Wir dürfen nicht lange rumfackeln ...“
„Um die gesamten Weltkräfte der Finsternis zu besiegen, brauchen wir gigantische Energiemengen von unvorstellbarem Ausmaß. Sonnenkollektoren, die mehrfach die gesamte Erdoberfläche abdecken oder die Windkraft eines Jahrhunderts. Bei diesen Mengen an Energie kann auch kein Ölscheich aushelfen“, entgegnete sie.
Sabines Stimmung änderte sich. Sie dachte angestrengt nach.

„Ich glaube, ich hab‘s! Ein magisches schwarzes Loch ...“, gab Sabine ihre Lösung bekannt.
Wolf schaute sie nur fragend an. Sabine zog eines der dicken Bücher aus dem großen Stapel, der vor ihr auf dem Tisch lag. Das Buch mit dem Titel ‚Magische Energien' reichte sie Wolf.
„Da steht alles drin. Magische Schwarze Löcher saugen riesige Energiemengen einfach in sich auf. Funktioniert wie ein riesiger unersättlicher Staubsauger. Die Kräfte der Finsternis vereinen große Energiemengen, mit denen sie uns vernichten wollen. Das Magische Schwarze Loch wird all diese Kräfte absaugen. Alles wird verschluckt vom tiefen Schwarz, so schwarz wie Pech. Soll den finsteren Gestalten ja auch Pech bringen. Irgendwann wird dann das Loch gefüllt sein. Dann wird für uns die Stunde der Entscheidung nahen. Hoffentlich wird dann nicht unsere Idee zerplatzen, sondern der Damm des Loches. Die gesamte gespeicherte Energie soll in Licht transformiert werden. Das Loch wird eine gigantische Flut von Licht ausspucken. Unzählige Lichtwellen werden die Finsternis überschwemmen. Das wird für uns ein Moment des Lichts.“

Sabine beendete ihren Vortrag und Wolf war sichtlich beeindruckt von ihrer Idee. Die Seiten des Buches hatte er in kürzester Zeit verschlungen. Nun ging es darum, die Idee in die Tat umzusetzen.

Wie groß muss so ein Magisches Schwarzes Loch sein? Wie schnell wird es von den Mächten der Finsternis gefüllt? Wie lange braucht die Transformation? Wie groß wird die Lichtenergie sein und wird dieses Licht gegen die Kräfte der Finsternis ausreichen?
Jede freie Minute verbrachten die beiden damit, an ihrer Idee zu arbeiten.
Die folgenden Tage waren fast unerträglich. Die Spannung stieg. Dieses Warten war einfach nervig. Von Tag zu Tag wurde es dunkler. Einen Tag lang war die Sonne gemeinsam mit dem Mond am Himmel zu sehen, da es so dunkel war, dass sich die Sonne nicht hervor traute. Dann wurde es so dunkel, dass selbst die dunklen Reiter reflektierende Streifen auf die Kleidung hefteten, um nicht von Geisterfahrern umgefahren zu werden.

## 14. Kapitel
## Tag der Entscheidung

Sabines Mutter hatte den Zirkel der weißen Magier vom Konzept des Magischen Schwarzen Loches unterrichtet. Da es keinen anderen Vorschlag gab, wie die Schlacht gegen die bösen Kräfte gewonnen werden könnte, klammerten sich alle Hoffnungen an diese eine Idee. Alle Kräfte des Lichtes arbeiteten am Bau des Magischen Schwarzen Loches. Die Entscheidungsschlacht sollte in Dainhofen auf den Wiesen nahe des Felsenmeeres ausgetragen werden. Dort wurde in aller Heimlichkeit ein Schwarzes Loch errichtet. Da die Tage immer finsterer wurden, verschwand auch das Magische Schwarze Loch in der Dunkelheit.

Obwohl der Tag der Entscheidung mitten im August lag, erhellte kein einziger Sonnenstrahl das Sauerland. Seit den frühen Morgenstunden marschierten die Verbände der Allianz der Finsternis auf. Im großen Abstand formierte sich eine wesentlich kleinere Schar der Kräfte des Lichtes.

„Siehst ja richtig heiß aus! Willst du mit mir abzappeln gehen? Ist Dancing angesagt?“, spottete Sabine über Wolfs Outfit, obwohl sie ähnlich gekleidet war. Die weißen Kräfte trugen Sonnenbrillen und silberne Schutzanzüge.

Bei ihrem Erscheinen entstand ein tiefer Brummton auf der gegenüberliegenden Seite bei den

dunklen Mächten. Daraus entwickelte sich ein hämisches Gelächter. Das Lachen wird ihnen schon noch vergehen, ärgerte sich Wolf über das Verhalten der finsteren Gestalten.
Die bösen Kräfte hatten sich in schwere Ritterkostüme gezwängt, um die alte Schlacht zu symbolisieren. Wohin man auch schaute, überall waren finstere Gestalten in Stellung gegangen. Die Kräfte verharrten auf ihren Positionen. Nach den Vereinbarungen durfte um Punkt 12 Uhr mittags mit den Kampfhandlungen begonnen werden. Ab genau diesem Zeitpunkt würden die Bösen Mächte auf die kleine Schar der Lichtgestalten zustürmen, um sie zu zerquetschen.
Noch konnten Sabine und Wolf die verbleibenden wenigen Minuten nutzen, um sich gegenseitig Mut und Kraft zuzusprechen.
Die Ruhe vor dem Sturm. Was war das? Ein Drache hatte bei seiner Landung in der Nähe der Linien der bösen Mächte offensichtlich Probleme. Er brach seine Landung ab und startete mit schnellen Flügelschlägen durch. So kam das riesige Tier direkt auf die weißen Kräfte zugeflogen. Sabine und Wolf beobachteten genau die Flugbahn. Sabines Mutter schien angespannt, um im Notfall einen passenden Zauber einsetzen zu können. In großer Höhe spie der Drache Feuer, bevor er abdrehte, um zur Stellung der dunklen Mächte zurückzufliegen. Sabine und Wolf spürten Erleichterung. Aber was war das? Das Feuer

am Maul des Drachen gefror zu Eis. Ein lautes Raunen ging durch die Reihen der finsteren Gestalten. Die Energie des Drachenfeuers wurde vom schwarzen Loch verschluckt. Der Feueratem war zu Eis gefroren. Wolf spürte große Angst.
Oh nein, jetzt werden die Bösen einen Verdacht schöpfen. Vielleicht werden sie sogar das Schwarze Loch bemerken, das zwischen den feindlichen Linien liegt. Unser Plan ist in Gefahr.
Ohne ein Wort zu verlieren, lief der Junge auf die Stellungen der bösen Kräfte zu. Wolf würde direkt in die Arme des Tasmanischen Teufels rennen. Die weißen Kräfte standen wie angewurzelt, völlig handlungsunfähig. Aber auch die Gegner schienen total überrascht. Die Kräfte der Finsternis lösten sich langsam aus ihrer Starre und setzten sich in Bewegung. Die schwarzen Mächte marschierten direkt auf den Jungen zu.
Es kann nicht mehr lange dauern. Das Loch muss doch endlich Lichtwellen spucken.
Nichts geschah. Das Loch ruhte.
Die Truppen der Finsternis rückten näher und näher. Schon erblickte Wolf den roten Kopf des Führers.
Das gibt es doch nicht!
Wolf war geschockt. Regungslos blieb der Junge stehen. Meine Stiefmutter läuft direkt neben dem Tasmanischen Teufel.
„Du Wurm!“, brüllte der Herrscher der Finsternis dem Jungen entgegen. Seinen stechenden Blick

richtete er auf Wolf. Der Junge verharrte immer noch ohne Regung.

Der Blick wird mich gleich durchbohren, wird mich zerschmettern.

Doch was Wolf im nächsten Augenblick sah, konnte er nicht glauben.

Seine Stiefmutter stieß den Tasmanischen Teufel zu Boden. Dieser fluchte kräftig beim Fallen. Zeitgleich lösten sich Blitze aus seinen Augen, die er in Richtung des Jungen ausstieß.

Die Blitze verfehlten knapp ihr Ziel und versanken dann im Schwarzen Loch. In dem Magischen Loch begann es zu brodeln. Eine rot leuchtende Flüssigkeit türmte sich im Innern auf. Sie leuchtete stärker, immer intensiver. Aus dem intensiven Rot wurde schnell ein leuchtendes Weiß.

Sieht fast wie Milch aus, nur strahlend hell, erinnerte sich Wolf an sein Frühstücksgetränk. Wie seine morgendliche Milch in der Tasse türmte sich die leuchtende Füllung des Schwarzen Loches, bis sie dann über den Rand schwappte. Was dann folgte, dauerte nicht länger als ein Wimpernschlag. Alles, was zuvor dunkel gewesen war, wurde in gleißend grelles Licht getaucht. Das gesamte Heer der Finsternis löste sich in schwarzen Rauch auf, der empor stieg und irgendwo im Universum verschwand. Mit einem Zisch war alles weg.

Wolf hatte seine Augen mit beiden Händen vor dem Lichtschein geschützt. Ein Gedanke schoss durch seinen Kopf: Was ist mit Mutter?
Er blinzelte durch die Augen, doch der aufsteigende Rauch machte es schwer, etwas zu erkennen. Ein starker Windzug blies die Reste der dunklen Gestalten fort. Das helle Licht drang in den letzten Winkel vor. Von seiner Mutter jedoch fehlte jede Spur.
„Steh auf! Oder willst du den ganzen Tag hier faul herumliegen?", drang eine ihm bekannte Stimme ans Ohr des Jungen. Wolf drehte den Kopf und versuchte über seine rechte Schulter nach oben zu blicken.
„Was schaust du so überrascht? Meinst du, ich bin die böse Hexe? Ich war als Uch eingesetzt, Undercover Hexe 0013, damit der Tasmanische Teufel nicht auf dumme Gedanken kommt", diese Worte mobilisierten sämtliche Kräfte im Jungen. Wolf sprang hoch. Er drückte seine Stiefmutter fest an seinen Körper.
„Du hast mir das Leben gerettet", Wolfs Stimme zitterte bei diesen Worten.
Seine Mutter lächelte.
„Was hätte eine Mutter auch sonst machen sollen?", bei diesen Worten strich Angelika mit ihrer Hand über Wolfs Haar.
„Ich glaube durch den Schubser ist der Tasmanische Teufel ziemlich sauer geworden. Hätte die Energie seines Blickes nicht das Schwarze Loch

überflutet ...“, ein richtiger Redeschwall sprudelte aus dem Mund des Jungen.
„Keine Angst, für den Notfall habe ich immer ein paar Leuchtkekse dabei!“, bei diesen Worten grinste Wolfs Mutter.
Von jenem Tag an lebten sie wie eine ziemlich normale Familie, so normal wie es halt möglich ist, wenn der Vater nur ein Mensch ist.

Dank an Lena Simon für ihren lieben Rat.

Hexe Molly ist fortgeflogen.
Annika, vielleicht begleitest du in deinen nächsten Ferien Wolf Raab und Sabine Rot durchs fantastische Sauerland.

Ein Wolf bin ich hoffentlich geblieben, der immer noch durch die Wälder der Fantasie streift.
Ich wünsche mir junge und alte Reisebegleiter durchs verzauberte Sauerland.

www.WolfRaab.de